口絵１　「洛外図屏風」（笹井家本）高槻市立しろあと歴史館蔵

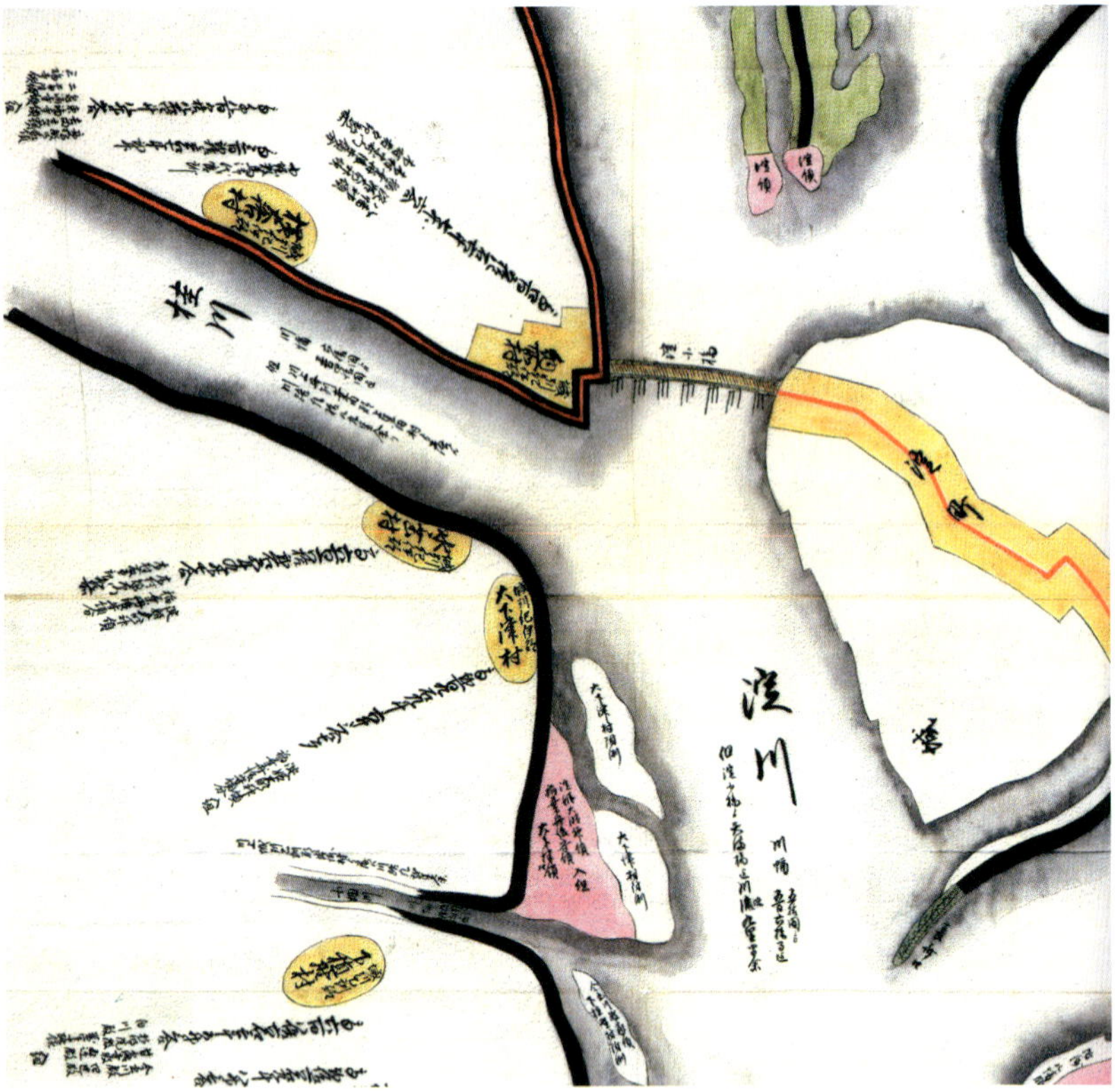

口絵２　「淀川通絵図」淀川河川事務所提供

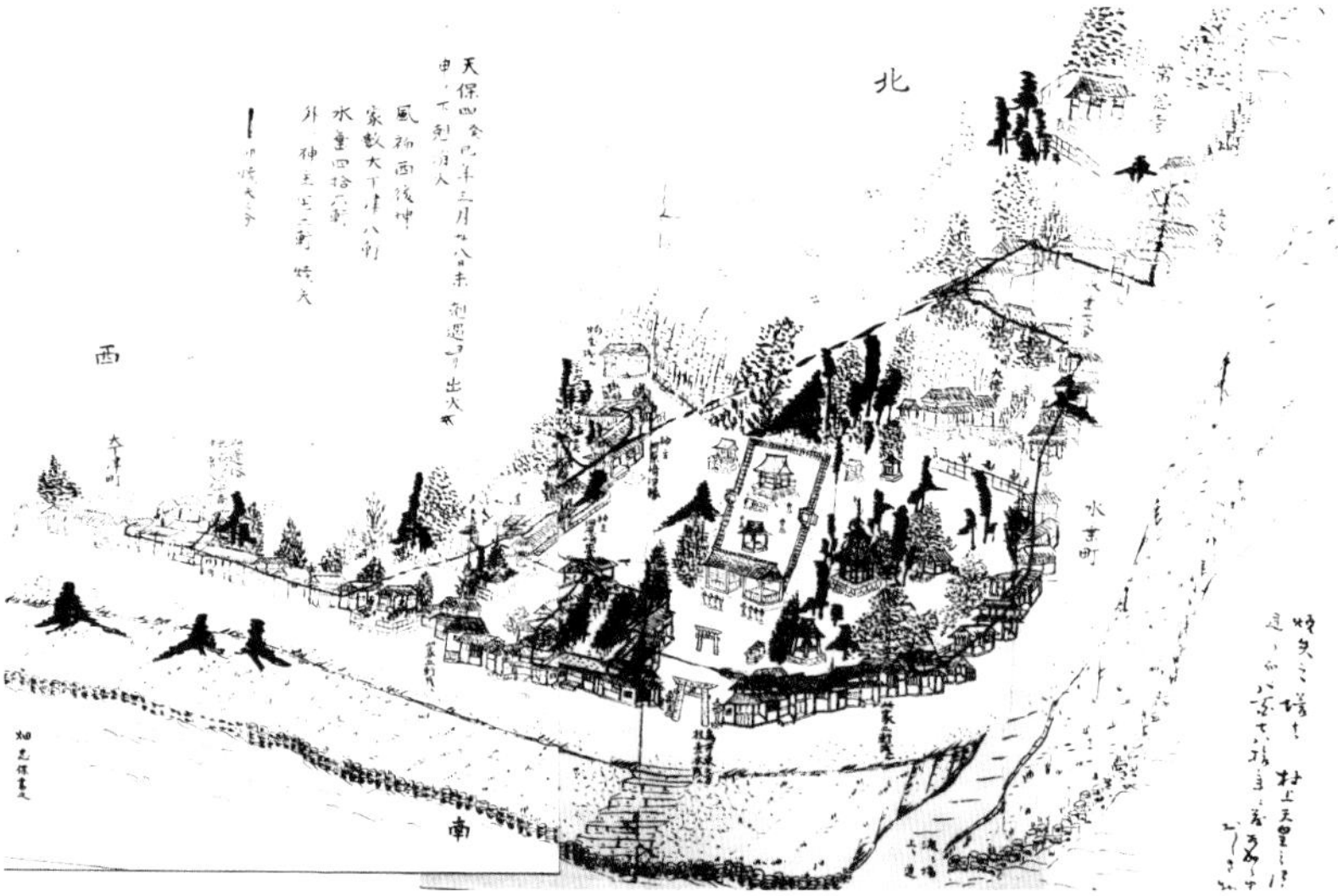

口絵３　「天保四年火災図」渡辺辰江家蔵

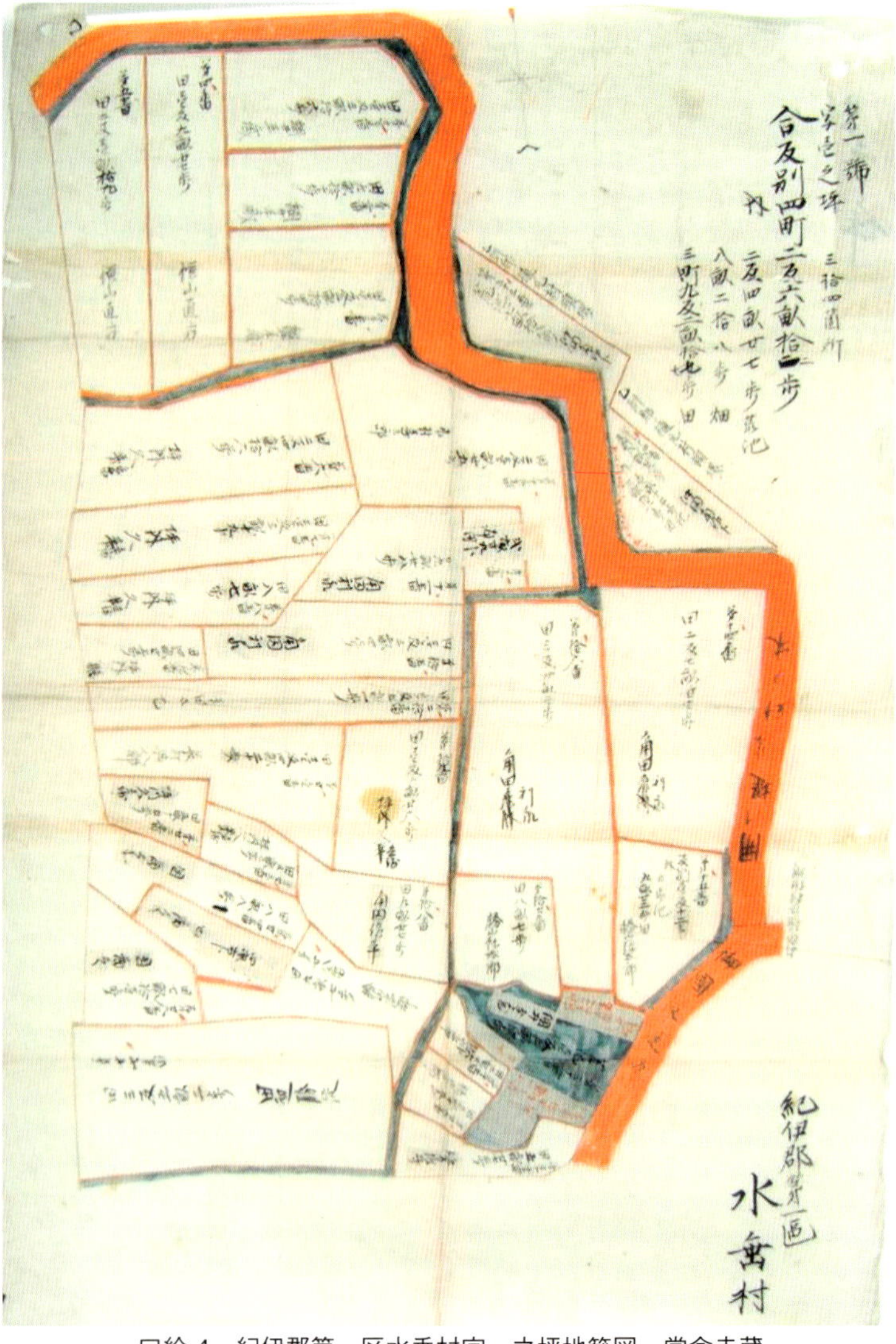

口絵４　紀伊郡第一区水垂村字一之坪地籍図　常念寺蔵

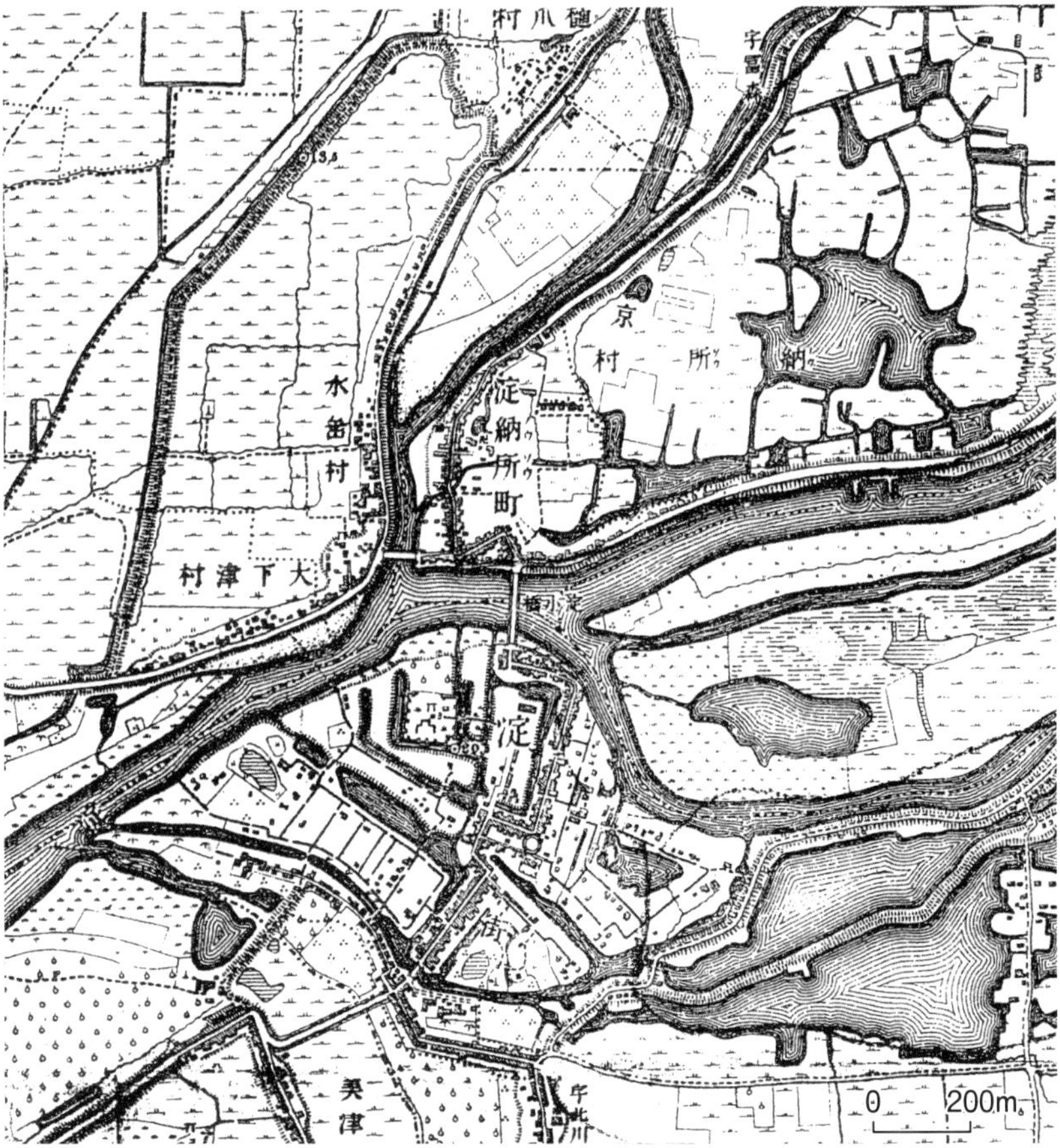

口絵５　明治 23 年測量　２万分１仮製地形図『淀』

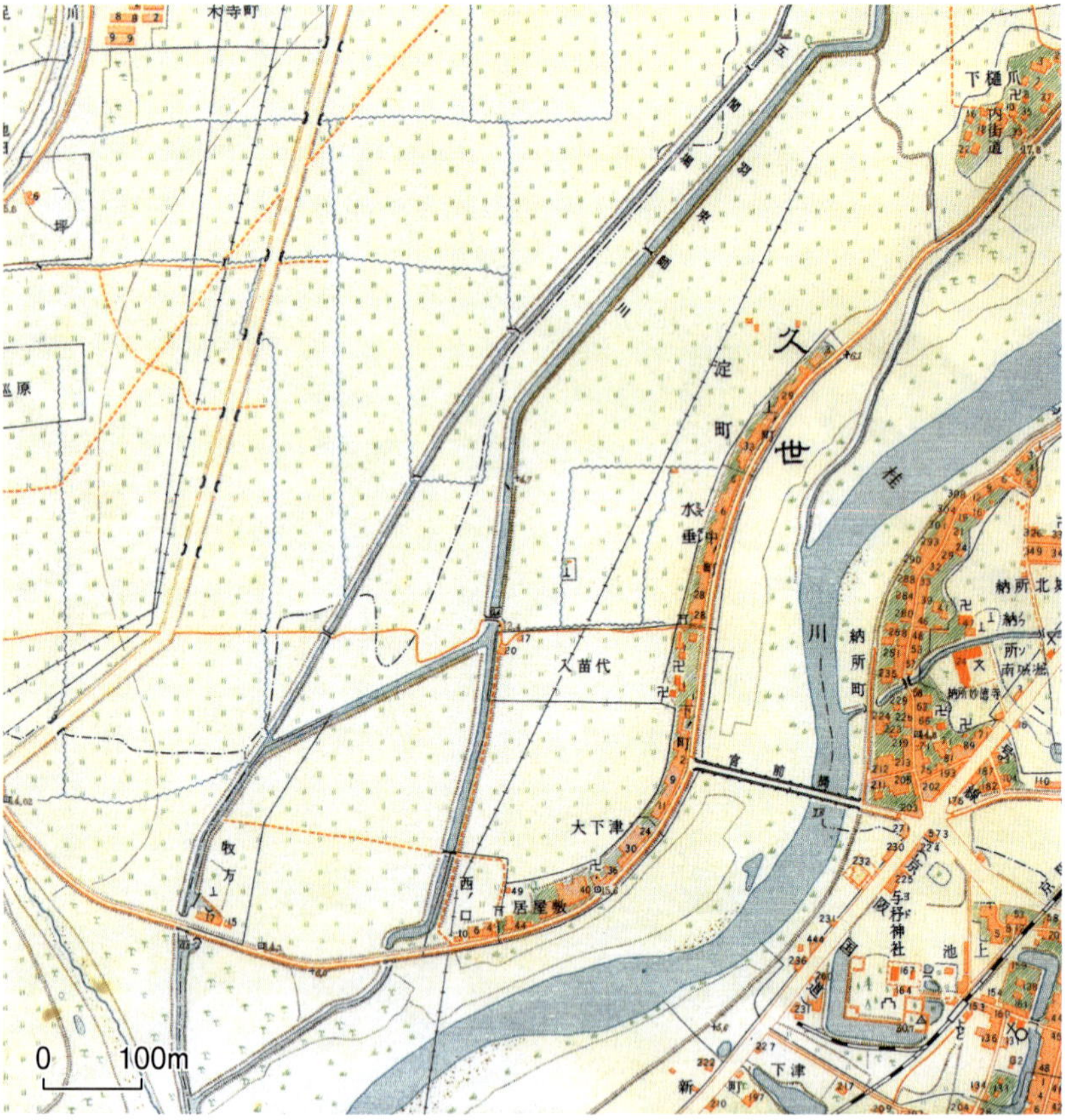

口絵 6　昭和 26 年修正測量　1 万分の 1 地形図「神足」

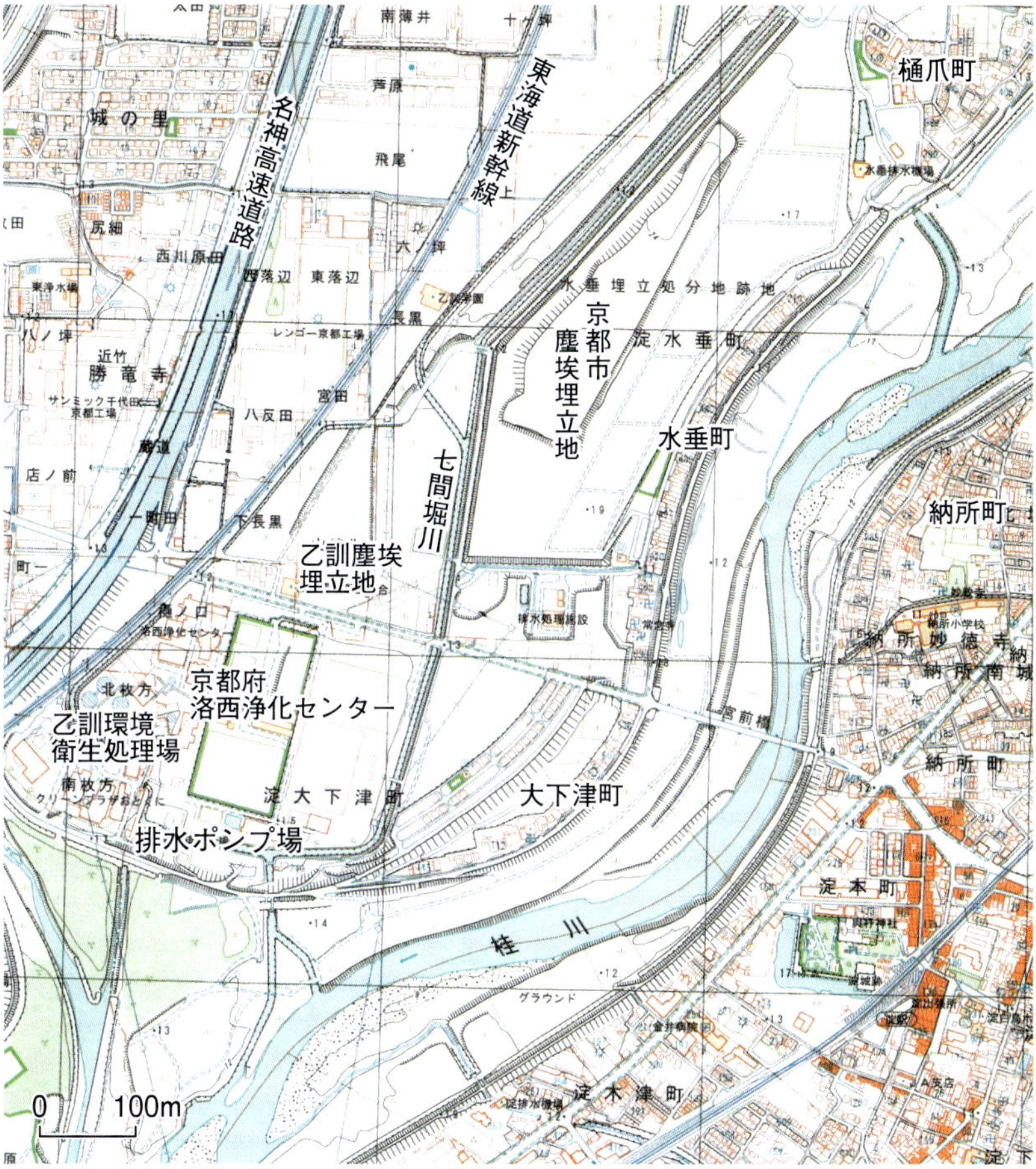

口絵７　平成 13 年編集　１万分の１地形図『淀』

口絵８　上空より新水垂町を望む（2013 年撮影）

京都南、移転集落水垂の歴史と生活

目次

第一章

地図にみる水垂地区の変遷

植村善博

一、約三〇〇年前の水垂付近

【口絵1】は一七世紀後期に描かれた笹井家本「洛外図屏風」の一部です。屏風絵にしては道路や家屋、川や橋などはきわめて精密に描かれているのですが、人物はただの一人も登場しません。画面には不思議な静謐《せいひつ》さがただよっています。ここには桂川と宇治川が淀城下で合流しています。淀城は水郷地帯の孤立した中島に築かれており、城下はしばしば水害を受けてきました。また、東海道が納所から淀小橋をへて城下を鍵型に屈折しつつ淀大橋へ至り、対岸の美豆へ渡って八幡へと続いています。水垂と下津（現在の大下津）は桂川の右岸堤防に沿って連続しており、中央に大あらき明神と記した淀六町の産土神《うぶすながみ》、淀姫大明神社が鎮座し、うき田の森が描かれています。多宝塔をもつ真言宗大徳寺も示されます。水垂は約二〇戸が平入りとして、下津は約一八戸が妻入りとして描き分けられています。水垂の河岸には連続的に石積がみられ、納所《のうそ》との渡船場の昇降段が二つ設けられています。下津には小段が示されるのみです。集落の背後には竹藪が茂り、その西側は格子状の水路をめぐらせた低湿な水田が広がっています。

二、約二二〇年前の淀川絵図

【口絵2】は一八世紀後半に天満橋から伏見肥後橋までの淀川を描いた「淀川通《とおり》絵図」です。堤防を黒で太く示し、橋や堤外の付洲《つきす》や中州が詳しく描かれています。集落名が石高、領主名とともに記されます。城州紀伊郡に属する水垂、大下津、納所をみてみましょう。

水垂村　　高六六二石五斗九升七合
　淀姫大明神領、稲葉丹後守領分、木村惣右衛門・木村富五郎知行
大下津村　高二〇九石九斗六升三合七勺
　淀姫大明神領、稲葉丹後守領分入組
納所村　　高四五八石六斗七升六合
　八幡神領、淀姫大明神領、稲葉丹後守領分、木村宗右衛門・木村富五郎知行

三村とも淀姫神社領と淀藩領の入組みが共通し、納所には石清水八幡神領があります。堤外地の付洲には淀姫社領と淀藩領が示されますが、中州は未開発のためか領主名は記さ

れていません。なお、淀小橋は六本、淀大橋は十本の橋脚まで詳しく描いています。

三、約一八〇年前の火災図

【口絵3】は天保四年（一八三三）に水垂と大下津を襲った火災状況を描いた絵図です。淀姫社周辺の住家を詳しく描き、焼失部を赤線で示しています。火災は三月二八日未《ひつじ》刻過（午後二時頃）、稲荷六兵衛より出火し、西風にあおられて東側へ延焼していきました。結局、申《さる》下刻（午後四～五時）には鎮火しましたが、大下津の八軒、水垂の四六軒、それに神主宅二軒が焼失しました。

当地区では火災が頻発した記録があり、宝永二年（一七〇五）の火災では水垂の火事が桂川を越えて納所村の五番町にまで飛火したといわれています。当時の川幅は相当に狭かったことを暗示しています。

四、約一四〇年前の地籍図

【口絵4】は紀伊郡第一区水垂村一ノ坪の字限図《あざがぎり》です。明治六年（一八七三）の地租改正法施行にともなって全国的に作られた地籍図の一種です。一ノ坪は村の最北端にあって樋《ひ》爪《づめ》村との境界付近に位置する小字名です。桂川の御国役《おくにやく》堤防と囲堤が茶色で太く描かれています。悪水除のためと推定される囲堤《かこいづつみ》は鍵型に折れ曲がって村境をなしますが、その外側にも水垂村の土地があります。この囲堤は人工排水路である羽束師《はづかし》川（七間堀）にそって水垂村と大下津村の農地を囲い込んでおり、輪中を形成しているのです。桂川最下流部では悪水滞留が大きな問題であり、囲堤により羽束師川の水を排除しています。地図内には三四件の地番と四町二反六畝一二歩の農地があり、その九割以上が田です。しかし、二反四畝二七歩の荒池が存在し、国役堤直下の第三一番地には一反五畝四〇歩の大きな荒池がみられます。その細長くのびる形は桂川の洪水流による破堤部に形成されたおっ堀（押堀）です。北西方向に延びる乱れた地割の分布から北西へ逆流した洪水流が発生したと推定されますが、その発生時期は図の作成期よりさほど古くはないでしょう。

五、約一二〇年前の仮製二万分の一地形図

【口絵5】は日本における洋式測量にもとづく最初期の地形図です。桂川、宇治川、巨椋《おぐら》池水路の三本が淀城下の北で合流しており、改良工事以前の水系が示されていて貴重です。桂川は水垂と納所の間で幅が約四〇メートルにすぎず、その上流に畑や茶園に利用されている広い堤外地があって逆流や破堤が生じやすい条件をもっています。水垂村と大下津村は桂川の右岸に約一・五キロメートル連続する細長い堤防上の集落を形成しており、納所とを結ぶ宮前橋の突き当たりに淀姫社が確認できます。淀川改良工事の一環として明治二九年（一八九六）から実施された桂川拡幅事業で、集落が全面移転を余儀なくされる直前の様子を示します。当時、水垂一二九戸・五四六人、大下津は四二戸・一九〇人、合わせて一三四隻の和船をもつ淀川水運の船頭の多い集落でした。また、桂川右岸の最下流に位置するため、悪水を排除する囲堤が村背後の低湿な水田をぐるりと取り巻いていた様子がわかります。

六、約六〇年前の一万分の一地形図

【口絵6】は昭和二六年（一九五一）に修正された多色刷の一万分の一地形図です。明治二九年から実施された堤防拡幅工事により西側の新堤防へ全村移転した後の水垂・大下津の様子を示しています。明治二二年（一八八九）に樋爪《ひづめ》村とともに乙訓郡淀村を形成した後、昭和一〇年（一九三五）には淀町に合併、さらに昭和三二年（一九五七）に京都市伏見区に編入されるという目まぐるしい変遷をたどります。桂川の対岸納所や淀とは宮前橋のみで結ばれる孤立的な環境を示します。細長い水垂は上、中、下の三町があり、大下津には居屋敷と西ノ口がありました。西側の低湿地には羽束師川と五間堀とが排水機能をはたし、桂川堤防下には逆流を防ぐ樋門が置かれています。西の水田中には昭和一六年（一九四一）に開通した一直線の産業道路が近代工業化の前兆を象徴しています。

七、約一〇年前の一万分の一地形図

【口絵7】は【口絵6】から五〇年後の地図ですが、この間の地域の著しい変貌ぶりに驚かされます。明治の移転から約一〇〇年後、再び桂川の幅を約一〇〇メートル拡げる引堤工事により両集落は再び全村移転を余儀なくされたのです。大下津は平成一四年（二〇〇二）に全世帯が新堤防上に移転を終えました。一方、水垂は平成一九年（二〇〇七）に約半数の世帯が移転しましたが、地図にはまだ表現されていません。さらに，西側の農地がほとんど開発されてしまったことが注目されます。水垂の農地は全て京都市により埋立処分地として買収され、大下津のそれは洛西浄化センターとして京都府に買収されてしまい、生業は大きく変わりました。この変化は桂川右岸の最低地ゆえに、汚水、塵芥、屎尿《しにょう》など都市廃棄物の処理施設の集中分布地となってしまったのです。また、名神高速道路（昭和三八年開通）、東海道新幹線（昭和三九年開通）などの東西幹線交通機関がここをかすめて通過しています。

主な文献

中村富三郎（一九七二）古都の港　淀納所の歴史　汐文社
千金嘉弘（一九九〇）淀・納所小史　風雅社
京都市（一九九一）史料京都の歴史　第一六巻　伏見区　平凡社
西川幸治編（一九九四）淀の歴史と文化　淀観光協会
堀内昭博他編（二〇一〇）淀、水上の城下町　関西古文化研究会
淀南地誌の会（二〇一四）淀南の歴史　木田明

第二章

水垂の地形と淀水害史

大邑潤三

一、淀と水垂の地形

水垂の立地する淀地域は京都盆地の最低部をなし、諸河川がここで合流しています。特に琵琶湖を水源とする宇治川、亀岡盆地から流入する桂川、三重や奈良方面の水を集めて流れる木津川という、流域の広大な三川が合流する点で珍しい地形といえます。多くの河川が集まることから、古くから舟運が発達し交通の要所として発展してきました。その反面、たびたび水害に見舞われて大きな被害が発生してきた地域でもあります。このため大規模な河川の付替《つけかえ》や治水工事が行われ、そのつど地形や景観が大きく変化してきました。多くの集落が自然堤防などの微高地に立地し、さらに盛土を施すなどして水害への備えとしています。周囲の氾濫原は主に水田として利用されてきましたが、洪水時には浸水することが多く、なかなか水が退かないためにその年の収穫が皆無になることも多かったようです。

水垂は京都市伏見区南西部に位置する桂川右岸の堤防上集落で、近世期から盛土を施した堤防上に住居を建てていたと推測されます。西を長岡京市に接し、東は南西方向に流れる桂川を挟んで対岸に納所地域が立地します。桂川右岸の地域は、西に標高約二〇〇～四〇〇メートルの西山山地を望み、そこから東へ向かうにしたがって丘陵や段丘、扇状地とヒナ段状に低くなり、後背湿地を経て桂川となります（図1）。

淀川改良工事で宇治川が淀の南方を流れるようになる以前には、水垂と大下津の境界付近で宇治川と桂川が合流していました。また明治以前は木津川もそのすぐ下流で合流していたことから、この付近は洪水時に激しく増水したと考えられます。しかし、そうした立地を生かして水垂は舟運の拠点となっていたともいえるのです。鉄道の発達や自動車の普及によって舟運は次第に衰退していきました

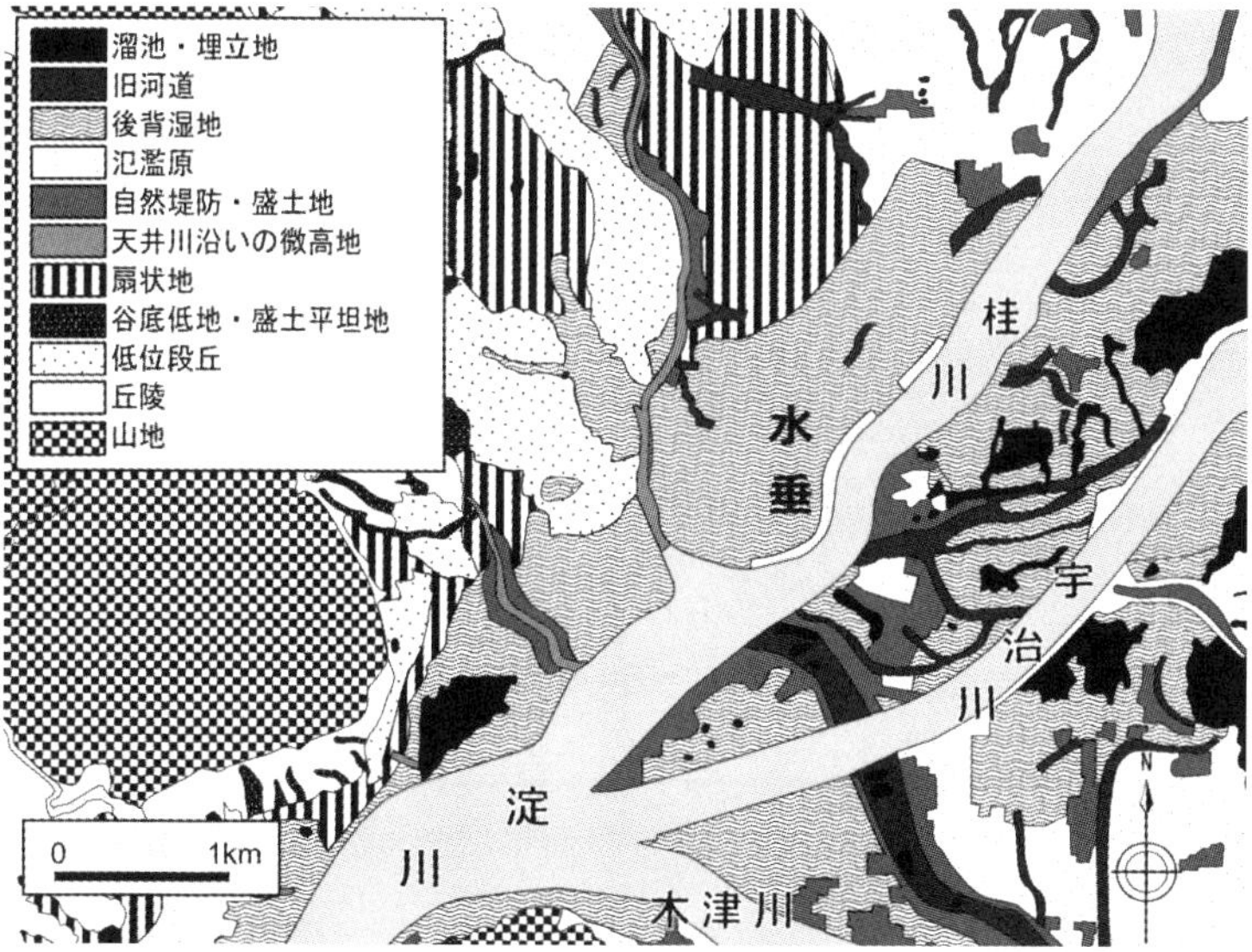

図１　水垂周辺の地形分類図

が、集落の西に広がっていた水田地帯で、稲作を営む世帯もあったようです。このあたりは標高約一〇メートルの後背湿地であり、常に悪水の排除が問題となる非常に低湿な土地でした。桂川が増水すると一帯の内水を自然排水することは不可能となり、内水災害が発生して収穫に悪い影響を与えました。また水垂の西を流れる小畑川は、老ノ坂峠付近を発し向日市・長岡京市を経て大山崎町で桂川と合流する河川ですが、河道の固定により天井川化しています。よってその下の堤内地は常に排水不良に悩まされる状態です。こうした状況を改善するために、京都府の湛水防除事業として昭和四六年（一九七一）に、また桂川右岸流域下水道洛西浄化センター造成及び乙訓環境衛生組合勝竜寺埋立地造成関連事業として昭和五七年（一九八二）に、それぞれ大下津に排水機場が整備され、現在、七軒堀川や五軒堀川を通じて内水をポンプにより排水しています(1)。

二、明治一八年の水害と水垂

ここでは淀に被害をもたらした水害を中心に、明治一八年（一八八五）から大正六年（一九一七）までの水害を、当時の新聞記事からまとめてみましょう。また淀川改良工事がどのような影響を与えたかを考えるために、工事前後の被害状況の比較を行います[2]。

明治一八年の水害は淀川改良工事請願運動の契機となった水害で、明治大洪水と呼ばれています。この年は春から天候不順で、六月上旬より雨が降り続き、さらに六月一五日と一七日に連続して二つの低気圧が通過しました。これにより一五日夜半から豪雨となって一七日夜半まで降り続き、淀川の本支流は激しく増水、桂川筋の納所では水位四・九メートルを記録しました。その約一週間後の六月二五日にも再び雨が降り始め、二八・二九日に本格的な豪雨となって、七月一日には暴風雨となりました。この雨は二日夜半に一段と激しくなり、宇治川・木津川・桂川筋の各所で堤防が決壊していきました。

表2（三五頁）によると、七月一日に堤防決壊が集中していることがわかります。久世郡と紀伊郡の被害が特に大きく、久世郡は八月七日に至っても、家屋や田畑の七割がいまだに水中にあるという有様でした。

水垂村はこの水害で最も大きな被害をうけた集落の一つでした。七月一日午後、堤防が約三六メートル決壊したために七戸が流失し、その下流でも三二メートルにわたって堤防が決壊して九戸が流失しました。さらにその下手で八一メートルの堤防が決壊して十一戸が流失し、合計三カ所、一四九・四メートルにわたって堤防が決壊、家屋二七戸が流失し

表１　明治一八年水害による水垂村の被害

		上ノ町	天神口	加茂田	合計
宅地	反別	4反6畝11歩	—	—	4反6畝11歩
	地価	185円65銭4厘	—	—	185円65銭4厘
田	反別	—	5反4畝1歩	1町1反1畝4歩	1町6反5畝5歩
	地価	—	236円93銭	332円82銭5厘	569円75銭5厘
畑	反別	1反2畝28歩	—	—	1反2畝28歩
	地価	45円75銭6厘	—	—	45円75銭6厘
計	反別	5反9畝9歩	5反4畝1歩	1町1反1畝4歩	2町2反4畝14歩
	地価	231円41銭	236円93銭	332円82銭5厘	801円16銭5厘

「十八年水害地所取調書」（『明治二十年治水事件』京都府立総合資料館蔵）より作成

ました。当時提出された調書によると、字上ノ町で宅地と畑地の被害が、天神口と加茂田で田地の被害が大きかったことがわかります（表1）。宅地の被害が発生した上ノ町をはじめとして集落の北半分の被害が大きかったようです。

堤防の決壊に際して水垂村の住民は半鐘や金だらいを叩いて対岸の納所に助けを求め、これに応じて納所から四～五人が舟で救助に向かいました。しかし流れが早くやむなく引き返し、その後二日午前一時ごろ納所住民の協力を受けた伏見警察署の第二伏見丸によって救助され、水垂村の常念寺に避難したそうです。以上のように多大な被害が発生しましたが、その中でも流失を免れた家は、いち早く建具をはずし、壁を落としたため、水流を受け流すことができ、無事であったといいます。こうした素早い対応から、人々が水害に対応する知識と、高い防災意識を持っていたことがうかがい知れます。これは同時に過去に幾度も水害に悩まされた経験から身に付いた、水垂ならではの減災文化ともいえるでしょう。

隣の大下津村では七月一日の夕刻ごろ、字石樋の上手の堤防が約一〇〇メートル決壊しそうになったため、各村から土俵や樹木を集めてきて力を合わせて水防活動を行い、そのおかげで難を逃れたそうです。大下津村は戸数五二戸、人口二一九人、反別二六町ほどであったようですが、水害から逃れるために住民は家財とともに舟に避難し、その後約一七〇艘がしばらく仮の住居となったそうです。舟運が盛んであった地域ならではの避難方法といえます。また対岸の納所村では字八番町で宇治川堤防が一四四メートル、また桂川堤防が八一メートル決壊し、三〇戸が浸水しました。淀城内三ヵ町は浸水で孤立状態となり町を舟で往来したとあります。この水害で桂川に架かる橋はほとんどが流失し、淀小橋も流失しそうになりました。しかし橋の両端に舟二艘を置いてこれに水を満たし、また大石を橋の上に並べるなどして浮き上がらないよう対処したため無事でした。

水垂村では三カ所の堤防が決壊し家屋が流されましたが、この時、宇治川の水量が多かったために桂川は逆流し、家財道具などは上流に漂着したそうです。比較的近い村々に流れ着いたこともあり、水垂村の戸長はさっそく上流の村々に人を走らせ、回収にあたらせました。村々では気の毒に思い、流失物の捜索に協力し、発見した物を続々と送付してきたそうです[3]。

現在、水垂墓地の入口に勝山彌兵衛を顕彰する石碑が建っています。これには勝山彌兵衛が戸長として明治一八年水害の復旧に尽力した内容が刻まれています。新聞記事に出てくる戸長が勝山彌兵衛を示すのかどうかは不明ですが、当時の状況を記録する貴重な石碑です。

図２　勝山翁顕彰碑（水垂墓地）

三、その後の水害

(一) 明治二二年の水害

八月一八日未明から雨が降り始め、夕方ごろ暴風となりました。一九日午後二時ごろになると、風は弱くなりましたが激しい雨となり、二〇日午前二時まで降り続きました。木津川が常水位よりも五メートル高くなり、通常流水のない山川も増水したといいます。桂川では渡月橋と久世橋などが落橋し、吉祥院《きっしょういん》村と下鳥羽村で堤防が決壊して鳥羽付近は一面浸水しました。横大路村では家屋八戸が流失し、納所村では堤防が七二メートル決壊して家屋三五戸が流失しました。淀町では家屋半壊一戸、軽傷者一名、浸水九七〇戸の被害となりました。木津川筋では、美豆村で堤防約二〇〇メートルが決壊したほか四カ所が破壊され、小畑川筋では堤防が七二メートル決壊し、田畑一〇町余が浸水しました。

(二) 明治二九年の水害

七月一九日から降り出した雨が二〇日ごろに大雨となり、二一日午後には淀川の水位が上昇しました。三栖《みす》三丁目付近の宇治川堤防では、三六メートルほどの亀裂が入りましたが、京都府の出張土木課員の指揮のもと村民で水防活動を行った結果、決壊に至らなかったそうです。淀町では二〇〇戸余りが床上・床下浸水し、淀川汽船は運行を停止しました。住民の話として、「出水の様子は明治一八年の洪水と同じく、淀川の水が容易に下流に流れなかった」と記されています。

八月二九日から再び雨が降り始め、三〇日七時ごろから暴風雨となりました。淀川の水位は三一日午前七時に島本で五・〇三メートルに達し、淀町で二七〇戸、納所村で八五戸がそれぞれ浸水しました。水垂村では二十石舟一艘が流失しました。

九月七日の台風は四国沖から紀伊半島を横断した台風で、琵琶湖流域に記録的な大雨を降らせ琵琶湖大水害と呼ばれています。八月に決壊し復旧途中であった桂川堤防の決壊箇所から洪水が流れ込み、樋爪三八戸、水垂一二三戸、大下津四三戸が浸水し、二階建ての家は階上に避難し、その他の家は避難所へ身を寄せました。また納所村では字九番町の三〇戸が軒先まで浸水し、総戸数約三二〇戸のうち浸水を免れた家はなかったといいます。そのため住民はしばらく二階に居住したほか、安楽寺に四〇〇人、新築の天理教会へ二〇〇人あまりが避難し、約三〇〇戸、一七〇〇人あまりが炊出しを受けることとなりました。村役場ではテーブルのあたりまでフナやコイが泳ぐ有様であったと伝えています。淀町では五二〇戸あまりのうち、浸水被害は四八三戸でほとんどが被害を受けました。巨椋池沿岸では淀付近からの逆流による氾濫も発生しています。その後、淀をはじめ八幡・美豆《みず》・伏見などは減水に時間がかかり、長引く浸水により農作物の収穫が皆無となる状況でした。この九月の水害は宇治川の水源である琵琶湖が増水したことが大きな要因で、宇治川は通常の水位よりも約四メートルも高くなったといいます。そのため川沿いの諸集落の浸水被害は明治一八年の水害に匹敵するものでした。

(三) 明治三六年の水害

京都地方では七月七日午前三時四五分ごろより雨が降り出し、九日午前九時四五分ごろまで降り続きました。総雨量は二三五ミリメートルに達し、明治一八年洪水をしのぐ大雨でした。九日からの降雨で諸川が激しく増水し、九日午後四時枚方で水位四・七六メートルを記録しました。桂川では増水が激しく、渡月橋では流れが橋の上を越えました。淀町および納所村は過半が浸水し、堤防が二カ所でそれぞれ一四四メートル、三六メートル崩壊しました。伏見―淀間の三栖の淀川堤防が約九〇メートル決壊し、横大路一帯が沼地と化しました。納所村付近は一二日午後三時ごろに至ってようやく約一八〇センチメートル減水しましたが、田畑の減水はそれよりも遅れたようです。

この洪水は淀川改良工事着手後、初めての洪水となりました。施工中の宇治川付替工事で、宇治川と巨椋池を締切る築堤工事中の場所より上流の西一口《にしいもあらい》で堤防が決壊し、巨椋池に流入した水が御牧《みまき》・佐山・小倉・槇島《まきしま》・向島《むかいじま》などを浸水させました。桂川では納所で水位四・九七メートルを示し、明治一八年の五・〇三メートル、明治二九年の四・九四メートルとほぼ同等の規模となりました。さらに上流で記録された、嵯峨《さが》二・八二メートル、羽束師五・五五メートルという水位は、明治二九年（一八九六）よりも高水位でした。それにもかかわらず桂川筋でほとんど堤防決壊が見られなかったのは、明治三二年（一八九九）度から着手されていた、水垂、大下津付近の引堤による川幅拡張工事の成果であるとされています。その他の地点でも新淀川の疎通能力《そつうのうりょく》が有効に働いたためか、水位が高い割に大規模な被害は発生していません。

（四）明治四〇年の水害

八月二三日から二五日にかけて豪雨が続き、京都府内の各河川は各所で決壊、亀岡地方でも保津川流域を中心に被害が発生しました。特に桂川上流で雨量が多く、各川の水位は二五日午後から二六日午前にかけて最高水位に達しました。宇治川の観月橋では二・五五メートル、木津川の加茂で六・二四メートル、桂川の羽束師で五・七三メートルの水位となりました。淀町では浸水家屋二〇〇戸、水位は床上六〇～一八〇センチメートルという状況でした。納所村では桂川筋の五番樋門が増水のため危険となり、最終的に浸水家屋七〇戸の被害となりました。

明治四〇年（一九〇七）、淀川改良工事は完成目前となり、宇治川、桂川合流点の背割《せわり》堤の工事が開始されました。宇治川の付替工事により、納所水位標の水位は急激に低下し、淀、横大路、桂川左岸一帯の悪水はうまく排除されるようになっていました。さらにこの背割堤の工事によって、桂川の水位は一層低下し、悪水の排除はさらに促進されました。その三年後の明治四三年（一九一〇）、淀川改良工事は竣工をみることになります。

四、淀川改良工事後の大正六年水害

大正六年の水害は淀川改良工事竣工後、最大の被害をもたらした水害で、大正大洪水と呼ばれます。九月三〇日午後八時ごろから強風となり、一〇月一日午後一〇時ごろまで烈風が続きました。雨は二九日午前三時ごろから降り始め、翌三〇日午後五時ごろから猛烈な雨となり、降雨は木津川流域で最も多く、菅野では三〇日に雨量三二六・八ミリメートルを記録しました。淀川本支流ともに増水し、三川合流点付近でも三栖《みす》、山崎で淀川本堤が、納所で桂川堤防が決壊しました。木津川の増水が急であったため伏見付近まで宇治川が逆流し、流下する水と衝突して三栖堤防を決壊させたそうです。このため宇治川・桂川に挟まれた淀・納所・横大路一帯が浸水することとなりました。

淀村では被害戸数二五戸、田地九一町の被害を出し、横大路村付近では全村が浸水、納所村では八戸が流失しました。洪水は納所村の東端を突破して京阪電鉄の線路沿いに北端に至り、これにより納所村・淀町が浸水して住民は舟に乗って淀城天守台に避難したそうです。この時、水勢が激しく線路は掘り起こされ、淀城前の停留所は跡形もなく流失しました。二階に避難した住民もありましたが、水かさが増したためさらに屋根に避難する状況でした。淀町の浸水は他地点と異なり、激流が急に襲ったもので、罹災戸数は三〇〇戸、一五〇〇人以上でした。淀町では最も深い所で三・九メートル浸水しました。横大路村や納所村では減水に時間がかかり、耕地は五日経っても四・五メートル浸水したままであったようです。

　その後一〇月に至って再び暴風雨が襲い、洪水は締切り工事中であった三栖の仮堤防を越え、九月の浸水から復旧しつつあった横大路村、納所村、淀町ならびに修理中の京阪電車の線路などは再び浸水することとなりました。桂川筋では周辺町村の青年団員計一八〇〇名で水防隊を組織して、徹夜で警戒にあたった結果、洪水は堤防上を溢れたものの決壊することはなく難を逃れたそうです。

　この洪水は淀川改良工事竣工後、八年目に迎えた大洪水でした。宇治川は計画通りの出水、桂川は計画以下の出水でしたが、原因は木津川の想定外の増水によるものでした。翌年の大正七年（一九一八）から開始された淀川改修増補工事では、大正六年の水害によって破壊された箇所、および漏水《ろうすい》・噴水の激しい箇所、強度不足と認められる区域から工事が始められました。各川の計画高水流量は明治一八年と同二二年（一八八九）の洪水を参考に算出されていたものでしたが、宇治川と桂川は変更されず、木津川は毎秒三六〇〇立方メートルから毎秒四六五〇立方メートルに改訂されました。

　またこの水害を契機として淀川沿岸に水防組合が組織されていきます。淀川・木津川水害予防組合が大正八年（一九一九）七月に発足したのを皮切りに、同年一一月には淀川左岸水害予防組合が、同一五年（一九二六）六月には淀川右岸水害予防組合が発足していま す。また澱川右岸水防事務組合と桂川・小畑川水防事務組合の前身となる伏見町外一〇ヵ町村水害予防組合も大正八年八月に認可されたようです。(4)

五、水害の特徴と淀川改良工事の影響

明治一八年から大正六年までの淀地域の水害史をまとめてみると、その多くが七月から九月に発生しており、原因としては台風が多い傾向にあります。また多量の降雨により三川が同様に増水する例が普通ですが、いずれかの川が特に激しく増水し、それが他河川の排水を妨げて被害を発生させることがあるようです。

明治二九年九月の洪水は宇治川を中心とした琵琶湖流域、明治三六年（一九〇三）の洪水は桂川、明治四〇年の洪水は桂川と木津川、大正六年の洪水では木津川が著しく増水しており、三川いずれかの流域で多量の降雨があると淀が水害に見舞われることになるのです。またこうした場合、逆流現象が発生することがあり、被害が拡大する原因となります。

明治三六年の洪水における桂川筋の破堤が少なかったのは、川幅拡張工事の効果であるとされています。しかし四年後の明治四〇年の洪水では、松尾村字上山田で五四メートル、京極村字郡《こうり》で七二メートルならびに一一七メートルの二カ所、吉祥院《きっしょういん》村の四カ所で計一四四メートル、久我《こが》村などで桂川堤防が決壊しているほか、決壊寸前の堤防が六〜七カ所あったそうです。(5) これは桂川の増水に加え木津川が増水し、桂川の排水が滞ったためではないかと考えられます。さらに淀川改良工事は、明治一八年と同二二年の洪水を参考に計画されたにもかかわらず、竣工後の大正六年の洪水では木津川の想定外の増水によって多大な被害が発生しています。こうした三川それぞれの状況が互いに複雑に影響しあう現象は、流域の異なる三つの河川が集中した淀ならではの水害の特徴といっていいでしょう。

淀川改良工事の効果や影響を考察するために、工事前の明治一八年の水害と竣工後の大正六年の水害を比較してみます。降雨量の違いなど、異なる洪水を単純に比較することは難しいのですが、観測された水位記録などを検討し、それぞれの傾向をふまえた上で考察します。

明治一八年と大正六年の堤防決壊被害を比較してみると、明治一八年が四六カ所に対して大正六年は三〇カ所と淀川流域全体の堤防決壊数は減少傾向にあり、淀川改良工事による堤防強化の効果がみられます[6]。また三川合流地点より上流部では、決壊数は二三カ所から五カ所と激減しており、これは淀川改良工事により堤防が強化され、合流点付近の慢性的な排水困難状態がある程度改善された結果であると思われます[7]（図3）。しかし本流沿いの決壊数は少なくなったものの、支流での決壊が発生しており、こうした支流から堤内に洪水が流れ込み、浸水被害が発生したようです。

　大正六年水害の下鳥羽・横大路・納所一帯の浸水は、上流の三栖堤防が決壊し

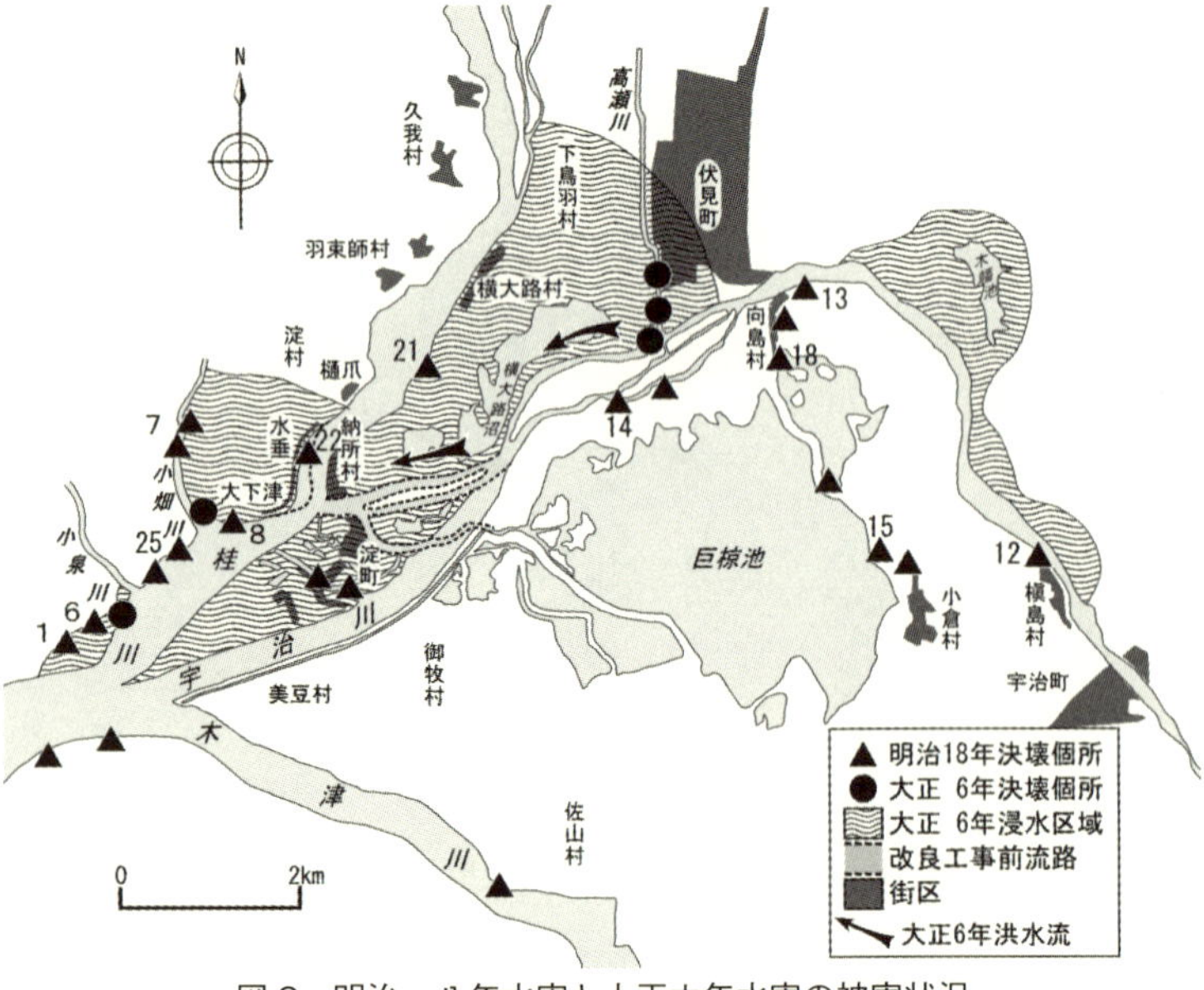

図３　明治一八年水害と大正六年水害の被害状況

表２　明治一八年水害における堤防決壊の日時と場所

No.	堤防決壊日時			川名	郡名	村名	大字	小字
①	6月	17日	午後2時	淀	乙訓	大山崎	大山崎	角田
2		18日	午前2時	大池縁	久世	小倉	伊勢田	浮面
3		30日	午後5時	大池縁	久世	佐山	市田	観世
4		30日	午後11時	淀	久世	御牧　淀	御牧　新丁	切戸
5		30日	午後12時	桂	乙訓	久世	築山	風早
⑥	7月	1日	午後1時	淀	乙訓	大山崎	円明寺	三百間
⑦		1日	午前2時	小畑	乙訓	大山崎	下植野	松ノ木橋
⑧		1日	午前2時	淀	乙訓	大山崎　淀	下植野　大下津	松ノ木橋
9		1日	午後4時	木津	相楽	加茂	大野外五	赤田川ノ落合
10		1日	午後4時	赤田	相楽	加茂	大野外五	木津川ノ落合
11		1日	午後5時	木津	相楽	瓶原	岡崎	的場
⑫		1日	午後6時	宇治	久世	槇島	槇島	吹前ヨリ十一ニ至ル
⑬		1日	午後6時	宇治	紀伊	向島	向島	庚申塚
⑭		1日	午後6時	宇治	紀伊	向島	葭島新田	大黒島
⑮		1日	午後6時	大池縁	久世	槇島	槇島	落合外壱
16		1日	午後6時半	木津	綴喜	多賀	多賀	下ノ川
17		1日	午後6時半	南谷	綴喜	多賀	多賀	野上新北堤
⑱		1日	午後7時	大池縁	紀伊	向島	向島	丸池第一堤
19		1日	午後7時	木津	綴喜	井手	井手	北玉水
20		1日	午後8時	木津	綴喜	三木山	三木山	中河原
㉑		1日	午後9時	宇治	紀伊	納所　横大路	納所　横大路	八番ノ内 梅ノ木 中ノ茶屋
㉒		1日	午後9時	桂	乙訓	淀	水垂	上ノ町
23		1日	午後9時	淀	綴喜	美豆	美豆外三	切戸
24		2日	午前6時	木津	久世	富野荘	枇杷庄	春日森　島ノ宮
㉕		2日	午後7時	淀	乙訓	大山崎	下植野	洲崎
26	8月	18日	午前5時	木津	綴喜	田辺	薪	西浜

「十八年度淀川外二川洪水為メ堤防破流時日調査表」（『明治十八年　大正六年　出水諸調査』淀川資料館蔵）より作成
※ No.が○で囲まれた決壊場所については、場所を推定して図3の▲に落とした

たことによるものとされています[8]。この三栖堤防の締切り仮工事の完成を待つ形で、納所村の樋門を開放し排水していることから考えても、堤防で囲まれて袋状になった桂川と宇治川に囲まれた一帯に、上流から水が流入して堤内に溜まっていた状況であると考えられます[9]。

大正六年水害で浸水した淀町を視察した土木課長は、応急策として堤防を切り開くことにより排水を試みようとしています[10]。結果として堤防切断前に減水したため、淀町での堤防の切開は行われませんでしたが、現在の大阪市西淀川区では、内務省土木出張所や府土木課などの反対を押し切り、住民が新淀川堤防を三カ所切断して排

図４　巨椋池干拓地上空より淀方面を望む

水に成功しています。これは大正六年のわざと切れと呼ばれます[11]。こうした人為的な堤防の切開は、明治一八年にも現在の大阪市都島区網島で行われました。

淀付近の淀川改良工事の主眼のひとつとして、宇治川の付替《つけかえ》と、宇治川と巨椋池の切り離しが挙げられます。宇治川と一体であった巨椋池は淀川改良工事によって完全に切り離され、巨椋池の水は樋門によって宇治川に排水される一方となり、宇治川などの水が流入することはなくなりました。巨椋池は遊水池として洪水調節機能を持っていましたが、宇治川上流に洗堰《あらいぜき》を建設することにより、洪水調節機能の代替とすることができると考えたからです。大正六年の水害は木津川の増水によって宇治川が逆流し、結果として三栖堤防が決壊に至ったと考えられています[12]。淀地域は山崎狭窄《きょうさく》部の三川合流地点の上流に位置することから、常に排水不良の状態にあります。こうした理由から明治一八年の水害でも見られたように河川の逆流現象が発生します。かつて巨椋池西端部の宇治川結節点付近には逆デルタが形成されており、逆流した水が巨椋池に流れ込んでいたことをうかがわせます[13]。明治一八年の洪水時には毎秒二五〇立方メートルの水が巨椋池に流入したそうです[14]。巨椋池が切り離されたことにより、明治三六年水害のように池の沿岸地域が浸水する危険性は低くなりました。しかし遊水池である巨椋池は、逆流する水による被害も軽減してきたと考えられます。巨椋池と河川を切り離したことにより、逆流が発生した河川の堤防に大きな負担がかかるなど、少なからず影響があったと考えられます。

淀川改良工事によって、堤防が整備され本流沿いでの堤防決壊が減少し、疎通力が向上するなどの効果がみられました。しかし強固な連続堤に囲まれたことにより、支流の決壊で堤内に流れ込んだ水が滞《とどこお》るなど、堤内地で内水災害が以前より発生しやすい環境となったといえます。また巨椋池を切り離したことにより、宇治川の水だけでなく逆流する水が行き場を失うなど、新たな問題が発生するようになったとも考えられます。

現在では土木技術の発達によりダムや堤防・排水機場が整備されて、水害に見舞われる機会は減少しました。しかし近年多発する豪雨災害をみていると、予断を許さない状況です。水害史を顧《かえり》み、地域の河川性質を知ることは、今後発生する可能性のある水害に備えることにつながります。近代以前、淀の人々にとっての河川は舟運や漁業、そしてたびたび襲来する水害を通じて、非常に身近な存在であり大きな関心事でした。しかし近代以降、河川は危険な存在とみなされ、流路が変更され高い堤防が築かれ、生活圏から切り離されていきました。また堤内・堤外という概念で線引きされ、住民の河川への関心は物理的にも精神的にも薄らいでいったといえましょう。しかし無関心ほど忌むべきものはありません。淀は川と共に歴史を刻んできた地域です。川の存在を忘れ、関心を失ってはいけないのです。

【註】

（1）『京都府地域防災計画　一般計画編』京都府防災会議、二〇一二。
（2）淀地域の水害については、次の文献を参照した。淀川工事事務所調査課『淀川と洪水』建設省近畿地方建設局、一九六〇。淀川百年史編集委員会『淀川百年史』建設省近畿地方建設局、一九七四。淀川工事事務所『過去の淀川流域災害資料集』二〇〇一。植村善博『京都の治水と昭和大水害』文理閣、二〇一一。
各水害の被害に関しては、『京都日出新聞』『日本立憲政党新聞』『大阪毎日新聞』『大阪朝日新聞』等の記事による。
（3）『日本立憲政党新聞』明治一八年七月一二日付。
（4）淀川・木津川水防事務組合事務局編『水防50年史』成文社、一九七〇。
（5）『京都日出新聞』明治四〇年八月二七日付。
（6）「明治十八年七月　淀川水害区域（五万分之一）」、「大正六年十月　淀川水害区域（五万分之一）」（ともに『明治十八年　大正六年　出水諸調査』淀川資料館所蔵）を比較。
（7）同右より作成。
（8）『大阪毎日新聞』大正六年一〇月四日付。

（9）『大阪毎日新聞』大正六年一〇月七日付。
（10）『京都日出新聞』大正六年一〇月六日付。
（11）『大阪毎日新聞』大正六年一〇月五日付。
（12）『水防50年史』。
（13）逆デルタとは洪水時に河川の逆流によって形成される三角州のこと。三川合流点付近に存在した逆デルタは、淀小橋付近から巨椋池へ流入する洪水により形成された。
（14）『淀の流れ』第五〇号、淀川資料館、一九九五。

第二章 近世水垂の寺院と神社

山本望実

はじめに

ここでは、水垂町の氏神である淀姫社と、その神宮寺である大徳寺との関係について主に史料類を読み解きながら考えてみましょう。

一、近世の淀姫社について

淀姫社は、近世期には淀六ヵ町の産土神《うぶすながみ》として水垂町に鎮座していました。創建は応和年間（九六一～九六四）と伝えられ、僧千観内供により、肥前国佐賀郡河上神社より勧請されました。(1) 社人は「河原崎」姓を名乗り、二名～三名で淀姫社を管理・運営をしていました。

近世の淀姫社では由緒は次のように伝えられていました。(2)

［史料一］

抑、当時の開山は千観阿闍梨と申て、純徳貴盛の聖りにて、時俗聖りの御前と尊み称せり…（中略）…嘗て思ひらく、神功応神の二神は京城近く御鎮座にて、諸人知りて崇敬厚といへとも、彼淀姫の御神は神功の御妹、応神の御叔母にて、共に三韓を征伐し給へ、我日本の厳かなる威光を遠きあだ国までにかゝやかしめ、国家衛護の神徳にましませども、西海偏境に護鎮座にて知て信する人稀なる事、遺憾なきにあらす。されは彼淀姫の御神号此地に勧請し奉り、王城の藩屏、国家の衛護と鎮座せしめ、郡民をして神徳仰かしめんと新到鳳闕の件訴願を奏したまふに、天顔よろこはしくうや□敷勅許を蒙り、応和年中に錫を飛し万里の峡浪を凌ぎ、肥前の国佐嘉郡川上淀姫の神社にいたり勧請し奉り、常磐堅盤に満引て天の真な井の水清く、干満二珠の厳かなる、国家擁護の御神徳、流れ久しき淀川納り淀みて御鎮座畢ぬ。

「淀姫の御神」は、神功皇后・応神天皇と縁――神功皇后の妹、応神天皇の叔母という関係――があり、三韓征伐伝説のなかで語られ、「国家衛護」「国家擁護」の神徳があると伝えられています。また、水垂への鎮座は神号と地名が一致したことが理由とされていますす。

この由緒は、現在では次のように語られています。(3)

［史料二］

豊玉姫命《とよたまひめ》、高皇産霊神《たかむすび》、速秋津姫命《はやあきつひめ》を祀り、古くは、淀姫社、又は水垂社とも呼ばれていた。社伝によれば、応和年間、僧千観内供が肥前国河上村の淀姫大明神を勧請したことに始まると伝えられている。当初、水垂町に祀られ、桂川の水上運輸の守護神として人々から崇敬されていたが、明治三三年に淀川改修工事のために淀城趾に移された。

祭神は豊玉姫命・高龗神《たかおかみ》・速秋津姫命の三柱となり、「水上運輸の守護神」として崇敬されています。水垂への鎮座や城跡への遷座した理由について言及されていません。つまり、近世と現代の由緒を比較すると、近世は天皇家との関わりが深い神として語られているのに対し、現代ではその関わりは触れられず、水の神として語られるようになったことがわかります。

二、近世の大徳寺について

大徳寺は淀姫社の神宮寺で、御室真言宗仁和寺の末寺でした。創建は天徳元年（九五七）とされ、その名は千観内供の草庵を大徳寺と号したことが始まりとされています。

大徳寺に伝わる文書からは、近世の住職に関する記述が明らかとなります。ここでは二つの史料から、考察を進めてみましょう。

［史料三］

一御室真乗院末寺水垂町大徳寺者、武州葛西郡亀有村恵明寺与由緒有之候ニ付、代々住職之儀、右恵明寺ゟ被差越候、然ル所先之住春仙法印死去後、拙僧師匠勝寿院恵海法印御取持ヲ以拙僧兄弟子善海法印住職被致候所、十三年以前巳之年勝寿院江転住被致候ニ付、右由縁ヲ以拙僧請待被成候ニ付住職相勤申候、勿論金銀出シ候儀ニ而者無御座候事

（後略）

安永二年三月　　大徳寺

水垂御年寄中様(4)

この史料によると、大徳寺は武蔵国亀有村の恵明寺と由

図５　明治前期の淀姫社（『乙訓郡役所文書』京都府立総合資料館蔵）

緒があり、代々の大徳寺住職は、この寺から派遣されていました。先の住職春仙法印が死去した時には、僧某の師匠である勝寿院恵海法印の取り持ちで、兄弟子の善海法印が住職となり、十三年前の宝暦十年（一七六〇）に勝寿院に転住となったので、僧某が金銭の取引などなく、住職に就任することとなったと記されています。

つまり、大徳寺住職は恵明寺との縁で就任するという関係性が、先代住職あるいは、恵明寺とは直接関係ない者が就任するようになったといえます。

［史料四］

拙僧病身ニ御座候而、寺役等ニ差困り候ニ付、万元ト申僧、下総印幡郡大佐倉村宝珠院泰縁法印弟子ニ而年廿七ニ罷成候、則拙僧弟子ニ而御座候ニ付、此者拙僧弟子ニ仕、寺役等助ニ致度奉存候、右万元義実体成僧ニ御座候間、葛西恵明寺共御相談之上、末々ニ而者後住ニモ仕度頼入候、其節ハ思召一札等御差図次第万元ニ為致、差出シ可申候、右之段御聞届之印万元弟子仕候義御聞済之上宜御預上被下候様ニ奉願候、以上

安永七年戌六月三日　　大徳寺了運

水垂御年寄中様⑤

この史料では、住職の了運法印が病身であるため、下総印旛郡大佐倉村宝珠院の泰縁法印の弟子にあたる万元を自分の弟子にしたいという要望が記されています。この時、万元は二十七歳、「実体成僧ニ御座候」なので「寺役等助ニ致」し、恵明寺と相談の上で後継者にしたいというものです。

二つの史料から、大徳寺の住職はもともと恵明寺から輩出していましたが、恵海法印の「御取持」による善海法印の就任を契機に住職個人との縁を重視するように変化したことがわかります。ただし、恵明寺との相談は軽視されることはありませんでした。

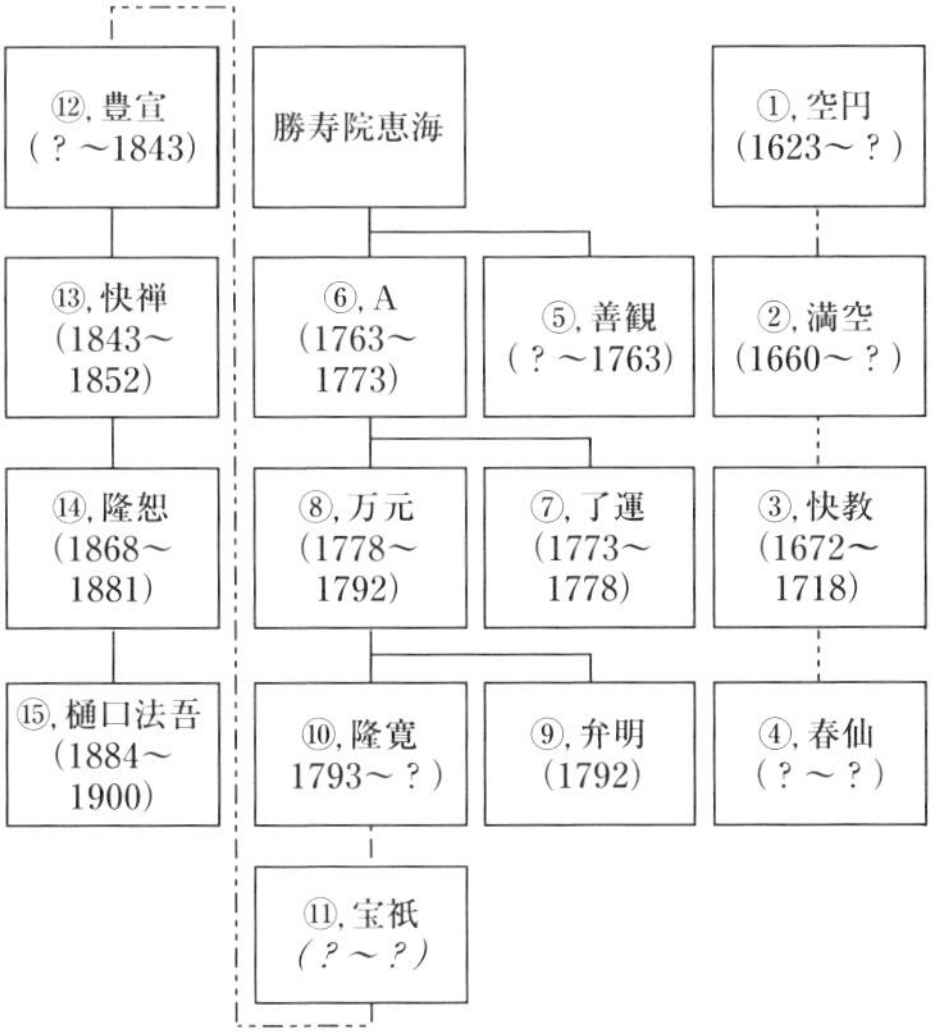

図６　大徳寺の歴代住職
『大徳寺文書』（京都市歴史資料館蔵）より作成

三、近世水垂の祭礼

正月五日には淀姫社神前神明転読牛王加持が行われていました。神明とは祭神の天照大神を指し、転読とは教典を読誦することです。「牛王加持」とは「牛玉宝印」という護符を用い、加持祈祷を行う仏事です(6)。

正月一四日は日待《ひまち》講が行われました。日待講とは特定の日に人々が集まって籠り明かす行事のことで、庚申《こうしん》・甲子・巳の日などに徹夜で籠り、翌朝の太陽の出現を拝み散会します。これは、その年の病厄《びょうやく》・災害、農作・養蚕《ようさん》の作況を予言することで盛んに祈祷を行い、お祓《はら》いすることを目的としています。これはあくまで六ヵ町合同ではなく水垂のみで行われていたようです。

正月一七日には、六ヵ町年寄とともに祈祷会を行いました。

正月二三日には、大般若経会を催しました。この大般若経会とは、大般若経を転読する法会で、地域の安全を祈る意味がありました。淀の場合、正月・五月・九月に行われ、二日前から開催の知らせを六ヵ町に廻していました。

正月二四日には、地蔵堂で火伏せの祈祷がありました。火伏せとは火の災厄を避けることで、火除せ、火除けともいいます。秋葉神社・愛宕神社・古峯神社などへ代参を派遣して火伏せの御礼をもらい、講員に配り、神棚に祀りました。水垂の場合は、淀姫社・大徳寺での祈祷の後、火伏札を六ヵ町に送り、代わりに初尾として一貫文を町々から受け取りました。

大晦日には仁王読経を行いました。仁王読経とは、仁王経を読誦する法会のことで、水垂住民の豊楽を祈願して行われました。

淀姫社の祭礼として、秋の神祭が有名です。近世の神祭については、次のような史料が伝わっています(7)。

［史料五］

祭礼ハ九月二十一日、川嶋屋勘助従指図有之御輿出ル、勘助先祖淀姫ノ社人也、則河原崎ヲ名ル只今之社人両人ハ家来御取之由、御輿三ツ出ル、初メ天神ノ内二ツメ千官内宮諸淀姫千官内宮ハ橘ノ朝ソント云公家ニテ淀姫ヲ淀ヘツレ来ルヨシ也、祭礼ニハ例年城主・町奉行・目附役騎馬ニテ出、二十一日ト二十三日ニ出、又午三疋神主両人ト神子へ城主ヨリ　御借馬出、尤サハノスシヲ祭ニツケ所々ヘクハル、御輿ノ渡順ハ廿一日御本社ヨリ大下津へ渡御旅上御入、夫ヨリ舟ニテ長才口へ渡、木津長ヲ渡テ、新町御旅セ御入、廿三日御旅ヨリ新町・下津町・池上町・伏見・淀・納所町・京堤夫ヨリ舟渡ニテ水垂ヲ渡、御本社御入、九月廿日ノ暮時夜半御本社夜宮参リ有之

神祭は九月二十一日から二十三日にかけて行われ、川嶋屋勘助が指図しました。神輿《みこし》は「御本社」を出て「大下津」の御旅所へ向かい、船で「長才口」へ渡り、さらに「木津長」を渡って新町の御旅所へ行き、下津町・池上町・伏見・淀・納所町・「京堤」を通って、また淀姫社へと帰りました。

淀藩主や町奉行、目附役が参加することか

図7　現在の淀祭の様子（水垂 2013 年）

らも、「神祭」が淀にとって重要なものであることがわかります。

四、神輿神号をめぐる争論

淀姫社と大徳寺のあいだには数多くの争論がありました。その中で文化一〇年（一八一三）から文化一五年（一八一八）に起きた神輿神号にまつわる争論を見てみましょう。

事の始まりは淀姫社神主河原崎伊予と神輿の世話人が神主河原崎若狭支配の神輿の鳥居に付ける額の神号を改号したことにあります。そもそも淀姫社には「正一位淀姫大明神」、「相殿天満大自在天神」、「相殿千観内供」の縁起・神号を持つ神輿がありました。伊予は「相殿千観内供」の神号を「正一位淀姫大明神」にしようとしたのです(8)。

若狭と大徳寺住職はこの考えに反対で、むしろ縁起や神号は守られていくべきであると反対し、争論へと発展しました。

文化一〇年九月、若狭と住職は淀藩町奉行へ出訴しました。若狭は、三基の神輿を修繕した際に、伊予と世話人から神額改変の説明がなく、改号するならば「正一位淀姫大明神」の神号贈与の儀式が行われていなければならないが、その事実を記した文書はないと主張しました。淀藩町奉行からは「当年者先見合可申旨」と、とりあえず事態を見合わせるよう申し渡されました。[9]

若狭らは、次いで幕府の寺社奉行へ同様のことを訴えます。この一件は史料が残されておらず、寺社奉行からどのような指示があったのかは、今のところ不明です。[10]

同年一〇月、大徳寺住職は、朝廷で神社の監督を担う吉田家の家老鈴鹿伝蔵と対談を行いました。[11] 住職が淀藩町奉行より「当年者先見合可申旨」との申し渡しがあったことを伝えると、鈴鹿は淀藩町奉行の沙汰を待つように命じました。

数日後、二度目の対談では、鈴鹿は神額自体を掲げないことを提案しましたが、住職は「当社伝来之縁起ニ勧請之尊号モ分明」であり、「渡世之違乱モ無之様」に吉田家よりそれぞれの神輿に「証印」を授かっていることを理由に鈴鹿の意見を拒否します。

鈴鹿は、吉田家の「称号ヲ借リ用候而不苦他所之例モ有之」と提案しますが、住職は、淀姫社は「祇園牛頭天王相殿少将井天王」と唱え、「当社伝来之縁起之尊号」を用いていることには間違いがなく、「相殿千観内供」の神号を用いなければ、「開山之名称」も失われてしまうと述べ、鈴鹿の提案を再び拒みます。

一一月七日、鈴鹿と若狭の対談が行われました。若狭は「当社伝来之縁起相用申度存念」であり、三基の神輿の神号が「正一位淀姫大明神」と改号すれば、伊予の願いは叶うが「私初社僧幷氏子之者迄」納得できないと伝えます。

鈴鹿はこの考えは個人的な判断ではなく、吉田家の考えであると述べますが、若狭は現在伊予と「所論中」であり、淀藩町奉行の判断が下ってから返答したいとの旨を伝えました。

この後、鈴鹿と神主・住職のあいだでどのような話し合いが行われたかは分かりません。文化一四年（一八一七）二月には吉田家から伊予・若狭に「神号額之儀者御規定茂有之」ので神輿に関しては六ヵ町年寄や神主・住職と話し合いで決定する旨を記した文書が届けられたこと、文化一三年九月に若狭・大徳寺住職が淀藩町奉行に提出した訴えを取り下げることが明らかとなるのみです[12]。

これらを踏まえ、淀藩町奉行は文化一五年四月、神輿に関する一切は両神主・大徳寺住職・六ヵ町年寄が熟談し取り決めることを命じ、争論の落着となりました[13]。

五、明治期の與杼神社と大徳寺

明治政府は明治元年（一八六八）に神祇省を設置し、神道の国教化をめざし、「祭政一致」のスローガンのもと、宗教に言及するはじめての太政官布告を出しました。その後は、神社には社格の設定、祭典式の統一、神官の処遇を規定し、寺院には「神仏習合」を禁じるなど、神仏分離と廃仏毀釈《はいぶつきしゃく》も推し進めていきました。(14)

河原崎家は、明治元年に「式内水度神社」、明治一〇年（一八七七）に「與杼《よど》神社」へと社名を変更しました。また、神主であった俊英・捨三郎が淀姫社（郷社）・水垂町の綱敷神社（無格）・下津町の伊勢向《むかい》神社（村社）の祠官、新町の天満宮（無格社）・芹川神社（現在の京都市伏見区中島鳥羽離宮町）の祠掌を兼帯するようになります。(15)

大徳寺は、神仏分離政策により淀姫社と分離し、廃寺と同様になり、建物や庭石なども売り払う有様でした。隆恕法印が明治一四年（一八八一）に死去した後、大徳寺は無住となったため、水垂村の年寄が相談の上で、近江国栗田郡安養寺村の真言宗安養寺から樋口法吾を住職として迎えました。(16)

おわりに

その後、淀姫社と大徳寺は、明治・平成の二度の治水事業で現在の地に移転し、今では当時の姿を見ることはできません。しかし、この地域に住む人々が信仰心を忘れず、神社や寺院を守っていこうとする限り、その歴史もまた守られていくでしょう。

【註】

（1）竹林俊則『昭和京都名所図会』第六巻、駸々堂出版、一九八三、一三七頁。
（2）「淀水垂大荒木森大徳寺縁起」（『史料　京都の歴史』第一六巻、平凡社、一九九一、六二五頁〜六二七頁）。
（3）与杼神社案内板（京都市作成）。
（4）「一札」安永二年（『大徳寺文書』京都市歴史資料館所蔵）。
（5）「口上書」安永七年（『大徳寺文書』）。
（6）「指出控之覚」（『大徳寺文書』）。
（7）山州淀御城府内之図（京都府立総合資料館所蔵）。
（8）「神号一件ニ付書付」、「口上書」文化一三年（ともに『大徳寺文書』）。

(9)「口上書」文化一三年、「申渡」(『大徳寺文書』)。
(10)「乍恐以書付奉願覚」(『大徳寺文書』)。
(11)「口上書」文化一三年。
(12)「乍恐奉願上口上書」(『大徳寺文書』)。
(13)「神輿之儀ニ付書付」(『大徳寺文書』)。
(14)安丸良夫『神々の明治維新』岩波書店、一九七九年など。
(15)「紀伊郡神社明細帳」、「久世郡神社明細帳」(ともに京都府立総合資料館所蔵)。
(16)「当時中古以来明細書」(『大徳寺文書』)。

第四章 近代水垂のあゆみ

藤田裕介

はじめに

水垂は淀地域の一部をなし、近世には「淀六ヵ町」の城外町として大下津・納所とともに発展を遂げてきました。しかし、近代における地方自治制度の展開のなかで、従来のつながりが徐々に変容していきます。

本稿では、第一に明治期の地方自治制度の展開を概観し、行政区画が編成されていくなかで、水垂を含めた淀地域がどのような変化を遂げたのかを明らかにします。第二には、水垂の人びとの活動を、西南戦争と舟運の関わりのなかで明らかにしていきます。以上を通じて、近代における水垂の地域性を浮かび上がらせていきます。

一、近代地方制度の展開と水垂

（一）戸籍編製と戸長設置

慶応三年（一八六七）一二月九日、王政復古の大号令以後、新政府は国内の支配体制を確立させることが急務となりました。なかでも、政府の関心が高かったのが、戸籍編製でした。徴税・徴兵・警察・教育などの政策を実施する上で基本となる人民の把握が急務となっていたのです。

まず、明治元年（一八六九）一二月、政府は、管下にある京都で全国に先駆けて戸籍仕法を制定することで人民の把握に努めました。京都での戸籍編製を担当したのは、近世の町村を支配していた庄屋・年寄と呼ばれた人びとでした。

戸籍仕法を参考に、明治四年（一八七一）四月四日に戸籍法が公布され、翌年より全国で戸籍編製が実施されました。(1)これが壬申戸籍《じんしんこせき》です。戸籍法は、戸籍編製事務を行うために、新しく区を設け、そこに戸籍吏として戸長を置くことを定めていました。区の規模は、「四五丁若くは七八村を組合すへし」と一応の原則が定められていましたが、「都《すべ》て其時宜と便利に任せ妨けなし」として、最終的には各府県の地方官に判断が委ねられていました。

京都府下においては、全国より早い段階で戸籍編製が行われていたため、戸籍法第二則の「戸長の務は、是迄各処に於て荘屋・名主・年寄・触頭と唱る者等に掌《つかさど》らしむるも、又は別人を用ゆる妨げなし」という条文に従い新しい人物を据えるのではなく、庄屋・年寄などに戸長の「務」を引き続き担当させたものと考えられます。

しかし、他府県では、戸籍編製のみを担当するはずであった戸長に法令の下達や租税徴収を行わせたため、近世以来の支配層であった庄屋・年寄などとのあいだで、行政の権限をめぐり混乱が生じる事態が発生しました[2]。

政府はこの事態に対応するため、明治五年（一八七二）四月九日、太政官布告第一一七号を発し「庄屋名主年寄等」を廃止し、「戸長副戸長」に改称させています[3]。

この改称を受け、同年一〇月一〇日には、大蔵省布達第一四六号を公布します[4]。

［史料二］

庄屋・名主・年寄等改称の儀に付、当四月中布告の趣も有之候処、右に付ては一区総括の者無之、事務差支の次第も有之哉に付、各地方土地の便宜に寄り、一区に区長一人、小区に副区長等差置候儀は不苦候條、給料其他諸費用とも悉皆民費之積相心得可申、尤先前大庄屋・大年寄抔と唱候類、自己の権柄を以て不正の儀も有之趣、右に因襲し事務壅蔽の害相生じ候ては難相成に付、区長差置候向は事務取扱方規則制限並給料等巨細取調可伺出候事

布告では、区に総括者が存在しないのは不便であることが指摘されており、「各地方土

地の便宜」によって、一区に区長、小区に副区長などを設置することを認めていることがわかります。以上の流れを経て、全国で大区小区制が導入されていきます。

政府の動きを受けて、同年五月二七日、京都府は各郡に対して、庄屋・年寄などをすべて廃止した上で、村々を区に編成し、一区ごとに区長・副区長をおき、各村に戸長を置くことを命じました。庄屋は戸長と改称され、区長・副区長は人選の上で任命することに決定しました。(5)

このなかで、水垂は、納所・大下津とともに、紀伊郡第六区に編入されました。京都府が上記の三ヵ村を一区として編入したのは、川を中心に結びついていた地域のすがたを重視した結果であるといえます。

(二) 三新法の成立

大区小区制は、各府県に区の設置の判断を委ねていたため、地域によってそのあり方はさまざまでした。そのため政府は、統一的な地方支配を目指し、明治一〇年(一八七七)七月に三新法―郡区町村編成法・府県会規則・地方税規則―を公布します。特に、郡区町村編成法は、従来の郡町村を行政単位として再設定し、郡に郡長、数町村で一人の戸長を置くことを定めました。

郡区町村編成法公布後の水垂の全容は明らかではありませんが、市制・町村制施行以前の明治二〇年（一八八七）に作成された「十八年水害地取調書」を見ると、編成法に則り戸長片岡克敬が紀伊郡納所・水垂・大下津を管轄していることがわかります。(6) このことから、依然として水垂・納所・大下津は一体として捉えられていたといえます。

（三）市制・町村制と三村の分裂

水垂・納所・大下津は明治初年までは、「川」を中心として繋がっていました。しかし、明治二一年（一八八八）における市制・町村制の施行をきっかけに、近世以来の関係性が変化していきます。

明治二一年四月、より安定した自治体を作り出すために市制・町村制が公布されると同時に、それに耐えられるだけの財政基盤の強化と行政の効率化を目的として町村合併が計画されました。内務大臣であった山県有朋は、六月一三日に町村合併の基準についての訓令を出しています。(7)

［史料二］

町村制を施行するに付ては、町村は各独立して従前の区域を存するを原則となすと雖も、其独立自治の目的を達するには、各町村に於て相当の資力を有すること又肝要なり。故に町村の区域狭小若くは戸口僅少にして、独立自治に耐ゆるの資力なきものは、之を合併して有力の町村たらしめるへからす。依て其施行に際し、先つ府県知事に於て現今各町村の区域・人口及其資力如何を調査し、左の条項を標準として相当の処分を為す可し。

（中略）

第三条　町村を合併するは其資力如何を察し大小広狭其宜を量り適当の処分を為す可し、但し大凡三百戸乃至五百戸を以て標準と為し、猶従来の習慣に随い、町村の情願を酌量し民情に背かさるを要す、且現今の戸長所轄区域にして、地形民情に於て故障なきものは、其区域の侭合併を為すことを得、合併を為すときは町村の区域広闊に過きす、交通の便利を妨けさることに注意す可し

山県は、町村の「従前の区域」を存続させることは原則としながらも、「資力」が不足している町村は「独立自治」の目的が達成できないとして、町村制施行前に「有力」なる町村を成立させるために町村の合併を実施すると述べています。そして、三〇〇戸～五〇〇

○戸を「標準」として設定し、従来からの町村の区域や習慣に十分配慮した上で、「交通の便利を妨けさることに注意」して町村間の往来が不便にならないように合併を進めるよう命じています。

以上のような訓令に従い、京都府下においても町村合併が進められました。同年一二月五日、京都府は内務省に対して次の伺を出しています。[8]

[史料三]

紀伊　水垂村
　　　大下津村　　乙訓郡ニ編入ス

（中略）

右ハ何レモ大川ヲ以テ本郡ト離隔シ、又ハ時ニ他郡ニ突出セル等本郡ト離隔シ、又ハ特ニ他郡ニ突出セル等本郡諸村ト交通不便ニシテ一村ヲナス能ハス、此際分離ヲ要スルモノニシテ、其理由別冊合併事由ニ具セリ

「大川」により所属郡から「離隔」していることを理由として、水垂村・大下津村は他郡への編入が提案されています。さらに同月二七日には、より具体的な合併事由が述べられています。[9]

［史料四］

二　紀伊郡水垂村・大下津村ノ両村ヲ乙訓郡ニ編入

是レハ本邦ト桂川ヲ隔テ、孤在シ、乙訓郡ノ諸村ト諸般ノ利害ヲ共ニセリ、故ニ乙訓郡ノ樋爪村ト合併スルハ双方希望スル処ニシテ、乙訓郡ニ編入ヲ要スルモノ

この上申では、水垂村・大下津村が桂川により紀伊郡から「孤在」しており、むしろ乙訓郡の諸村と利害が一致していると指摘し、樋爪村と合併した上で乙訓郡への編入することを述べています。また、三ヵ村が合

図８　正式２万分１地形図『淀』明治42年測図

併を「希望」している旨も付け加えられています。

京都府からの申入は、明治二二年（一八八九）二月九日に内務省に「聞届」けられ、同年四月一日より、紀伊郡水垂・大下津と乙訓郡樋爪は合併し、乙訓郡淀村として再編成されました[10]。

明治二二年の町村合併により、近世以来の結合を維持してきた水垂・納所・大下津は、乙訓郡と紀伊郡とに分離されました。町村合併までの一連の流れのなかでは、それまで三ヵ村の繋がりの中心であった「大川」である桂川が水垂・大下津と納所間の交通を「妨け」ている要因として判断されています。政府や京都府は「川」が地域を分断しているという認識を示していたことがわかります。

(四) 久世郡への編入と樋爪村の反対

市制・町村制施行以後、淀村において、行政区画の変更はありませんでしたが、昭和期になると、淀村の久世郡編入をめぐり、村内で対立が生じていたようです。

昭和一一年（一九三六）に、淀村が久世郡淀町に編入される際には、樋爪村より異議が出されます。昭和一〇年（一九三五）一二月に樋爪村より、京都府知事鈴木信太郎宛に

「嘆願書」が提出されています[11]。

［史料五］

去る十二月二日附を以て久世郡淀町と本村との合併問題に関し、本村会に対し御諮問に相成り、同九日本村長より村会を招集せられ、同日八名の議員出席、満場一致其御諮問を可と相認め答申せし由なるも、右八名議員は明治二十二年町村制施行以前には淀町と同郡同一行政村たりし大字水垂及大下津在住議員にして、我が樋爪は前記二区とは異なり、元々乙訓郡に属し、地勢上と言ひ風俗と言ひ、淀町民と一致し難き点多少有之。是れが為め合併反対を唱導せる次第なり。故に多数賛成議員の議決したる答申書に対しては、法律上止むを得さるも、此際当区のみ淀町との合併前に於て淀村より分離し、隣村羽束師村或は神足《こうたり》村に編入方、格別の御詮議に依り御取計らひ相願度、区民一同連署及嘆願書也。

樋爪村の「嘆願書」によれば、淀町との合併は、淀村の村会で了承したが、「八名議員」のすべてが水垂・大下津出身の議員であったため、樋爪村としては納得し難いと訴えています。次いで、樋爪は、水垂・大下津とは「地勢」と「風俗」において異なっていることを理由に、淀町との合併に反対しています。そして、希望として「淀村より分離」し、乙訓郡の「羽束師村或は新神足村に編入」することを願い出ています。樋爪は、近世以来から所属していた乙訓郡からの分離に抵抗を示していることが読み取れます。

しかし、この嘆願は受理されず、昭和一一年に淀村は久世郡淀町に編入される結果となりました。

二、西南戦争と水垂の舟運

ここまでは、行政区の変遷という表面上の動きを追っていきましたが、以下では、水垂の実際の活動を明らかにしていきます。水垂は、近世以来、舟運を生業としていましたが、西南戦争下の動向を見ると、明治初期においても舟運との関係は継続していました。

西南戦争は、明治一〇年一月末に、鹿児島私学校生徒が陸軍火薬庫を襲撃したことに端を発します。同年二月、西郷隆盛が、私学校の生徒に擁立され、熊本鎮台への攻撃を開始します。対して明治政府は、徴兵令により編成した軍隊を動員することで反乱を鎮圧し、九月二四日に西郷隆盛を自刃に追い込むことで、反乱を終結させました。この反乱は、士族最後の反乱といわれています。

従来、西南戦争は、西郷隆盛や大久保利通などの主要な人物の動向や戦争の経過が注目されてきました。しかし、兵士ではない人びとが軍夫として雇用され、戦地で食糧や弾薬の運搬を行う場合や[12]、滋賀県下の村々が軍資金を政府に提供しようとする動きが存在するなど[13]、非戦闘員や銃後の活動もみられました。水垂の人びとによる舟運を介した政府への働きかけも、西南戦争における銃後の一端であったと考えられます。

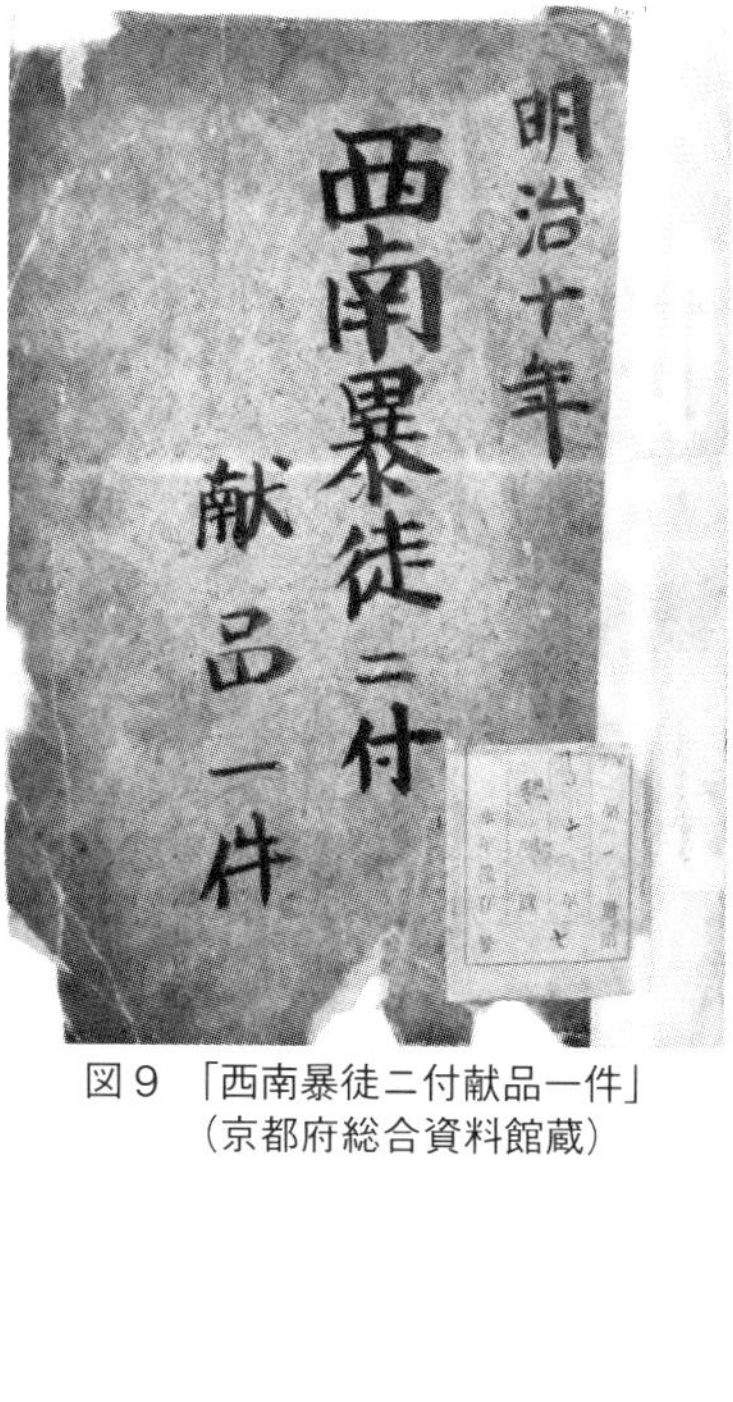

図９　「西南暴徒ニ付献品一件」
（京都府総合資料館蔵）

明治一〇年五月初旬、水垂村の長村與八郎以下一七名は、京都府知事槇村正直に対して、次の願状を提出しています[14]。

［史料六］

一、方今西南之暴動御征討被仰出候儀に付、先般御官員御出張御説諭奉拝承候に付而、譬江一毫に而茂奉報御国恩度希望に御座候処、何分素より頑愚卑賊之者共而已に

して兵役に服事候者も無御座、併し卑村之儀者現今船員八拾九艘御座候処、別而御維新以来者厚き蒙御恩沢候儀に付、聊為冥加無賃にて八拾九艘之内他稼茂御座候に付、一度に七艘以内百五拾艘に満る迄、右に関する御荷物類大阪表迄上下運搬其他私共相応之御用等相勤、御国恩万々分之一端にも奉報度奉存候間、何卒採用被成下候はゞ一同如何斗歟難有仕合に奉存候此段奉懇願候、以上

書状では、西南戦争への協力について「官員」の「御説諭」があったことが述べられており、政府から戦争協力の依頼があったと考えられます。水垂は、この「御説諭」に対して、「兵役」に耐えられる者がいない旨を告げ、「西南之暴動」に関する物資を、大阪まで無賃で運搬することができると述べています。すなわち、水垂は、兵士が出せない代わりとして、生業であった舟運による政府への貢献を申し出たのです。

五月一六日、京都府は水垂村からの願状を陸軍中将西郷従道宛に送付し、「御詮議」を申し入れます[15]。翌日、これに対し陸軍中佐渡邊央は、具体的な内容を確認するため、京都府へ「船之大小」と「何之地より何之地まで運漕」できるのか、という詳細な内容を送ってもらいたいとの連絡を行っています[16]。

五月二四日、陸軍の要求を受けた京都府は、水垂村から提出された「口上書」を、再度

陸軍へと送付します[17]。「口上書」では、新たに運搬に用いる船は「五間船」が一〇〇艘、「四間船」が五〇艘ほど提供できることが明記され、その運送の範囲は「淀」から「大坂天満橋辺迄」であることが記されています。

この「口上書」は陸軍事務所に受領されたことは確認できますが、実際に運搬が行われたかは定かではありません。しかしながら、水垂が西南戦争への協力依頼を受け、生業である舟運で、政府の要望に応えようとしていたことがわかります。

おわりに

ここでは、近代における水垂のすがたを辿りました。水垂は川と深い関わりを持ちながら、歴史を歩んできたことがわかります。明治期においては、近世以来の「淀六ヵ町」として連なっていた町村が、市制・町村制の施行以後、町村を区分する基準として川が採用されることにより、水垂・大下津と納所が分断されました。一方、近世で盛んであった舟運は、西南戦争下の動向からもうかがえるように、近代においても水垂の人びとの生業として息づいていたといえます。

行政区画の変遷を辿ると、水垂は、紀伊郡・乙訓郡・久世郡と、次々と所属郡を変更されており、各郡で作成された地域史において記述される機会を失っていました。例えば、昭和一五年（一九四〇）に『乙訓郡誌』が編纂された時には、水垂が属する淀村はすでに久世郡に編入されており、『乙訓郡誌』の「淀村」の項目では、「昭和十一年二月十一日久世郡淀町と合併した」との理由から、淀村の「詳細掲載」が省略されています。[18]

以上のように、ほとんど叙述されてこなかった水垂の歴史を、断片的にではありますが、取り上げることができました。本稿が、水垂の歴史の再発見につながる手がかりとなれば幸いです。

【註】

（1）「太政官布告第百七十号」（『法令全書』明治四、原書房、一九七四復刻、一一四～一三八頁）。

（2）山中永之佑『日本近代地方自治制と国家』吉川弘文館、一九九九。

（3）「太政官布告第一一七号」（『法令全書』明治五、原書房、一九七四復刻、八八頁）。

（4）「大蔵省第一四六号」（『法令全書』明治五、六八九～六九〇頁）。

（5）京都府立総合資料館編『京都府市町村合併史』京都府、一九六八、五三頁。

（6）「十八年水害地取調帳」（京都府立総合資料館所蔵）。

（7）「内務大臣訓令第六五二号」（『近代日本地方自治立法資料集成』二、弘文堂、一九九四、四五四～

四五五頁）。

（8）「町村分合之儀ニ付伺」（『京都府百年の資料』一・政治行政編、京都府、一九七二、四七九〜四八四頁）。

（9）「町村分合上郡ノ区域変更ノ義ニ付上申」（『京都府百年の資料』一・政治行政編、四八四〜四八五頁）。

（10）「内務省指令秘乙第二六四号」、「内務省指令秘乙第二七七号」、「内務省指令秘乙三〇八　号」、「内務省指令秘乙三二二号」（以上、『内務省指令編製』京都府立総合資料館所蔵）。

（11）「嘆願書」（『史料　京都の歴史』第一六巻、平凡社、六一四〜六一五頁）。

（12）猪飼隆明『西南戦争』吉川弘文館、二〇〇八、一五二〜一九六頁。

（13）高久嶺之介『近代日本の地域社会と名望家』柏書房、一九九七、四八〜四九頁。

（14）「御願」（『明治十年西南暴徒ニ付献品一件』京都府立総合資料館所蔵）。

（15）「郡三百九十七号」（『明治十年西南暴徒ニ付献品一件』）。

（16）陸軍照会状（防衛省防衛研究所所蔵）。

（17）「七五四号五月二四日人民より運送船差出の件」（防衛省防衛研究所所蔵）。

（18）吉川民二『乙訓郡誌』乙訓郡誌編纂会、一九四〇。なお、『久世郡史』（京都府久世郡役所、一九二二）は、淀村が乙訓郡に所属していた時期に編纂された。

第五章 水垂の歴史と集落移転

植村善博

はじめに

京都市伏見区水垂町は桂川最下流右岸に位置する約四〇世帯一五〇人の集落です。その歴史は約千年以上前にさかのぼるほど古く、河岸にあるため淀川水運と関わりが深く、またしばしば水害を受ける宿命にありました。明治（第一次）と平成（第二次）の二回も全村移転を余儀なくされ、劇的な変化を繰り返し経験してきました。ここでは水垂の歴史を四期に分けて述べてみましょう。

一、第一期　古代・中世

平安期から〝よど津〟として登場しますがその位置は不明です。淀姫神社の記述として〝千観内供が神功皇后の妹で三韓征伐に功績のあった淀姫を祀るため佐賀県川上に鎮座する肥前一の宮、與止日女《よどひめ》神社から勧進して水垂に建てた社が村上天皇から正一位を賜った〟というのが最古のものです（図10）。『三代実録』の清和天皇の八五九年条に正六位上与度神とあり、村上天皇より古い時期に産土神《うぶすながみ》としての信仰がすでに存在していたものと思われます。また、綱敷天満宮は九〇一（延喜元）年に菅原道真が九州に下る際、水垂で下船して休憩した際に石の上に綱を敷いて座ったことに由来するとの伝承をもちます（図11）。このように、水垂は平安期から港、そして淀姫神社と関係の深い集落でした。中世には石清水《いわしみず》八幡宮の支配に属し、淀川筋の水運に従事する村だったと推定されます。戦国期には土豪の築山氏が低地の小字神口付近に城館を築いたといわれます。

図10　佐賀県川上の與止日女神社（2015年2月）

二、第二期　近世〜明治三〇年頃

豊臣秀吉は巨椋池へ流れ込んでいた宇治川を伏見経由の新流路に付け替え、淀付近に淀堤（文禄堤と総称される）を築いて河川整備をおこないました。水垂が堤防上の一列の集

図 11　旧綱敷天満宮（2003 年 12 月）

図 12　渡し場への道標（2015 年 4 月）

落になったのはこの事業と関係する可能性があります。淀川舟運に従事する水垂や納所の船主らは織田信長に運上金を提供して独占特権を獲得、秀吉や徳川家康からも朱印状をえて水運を独占しました。江戸期には三十石（客）船を主とする伏見に対して、淀は二十石（荷）船の基地として活況を呈し、納所には過書船支配の木村家が本拠をおきました。水垂は山崎から伏見への街道にあり、淀姫社の前に納所への桂川の渡

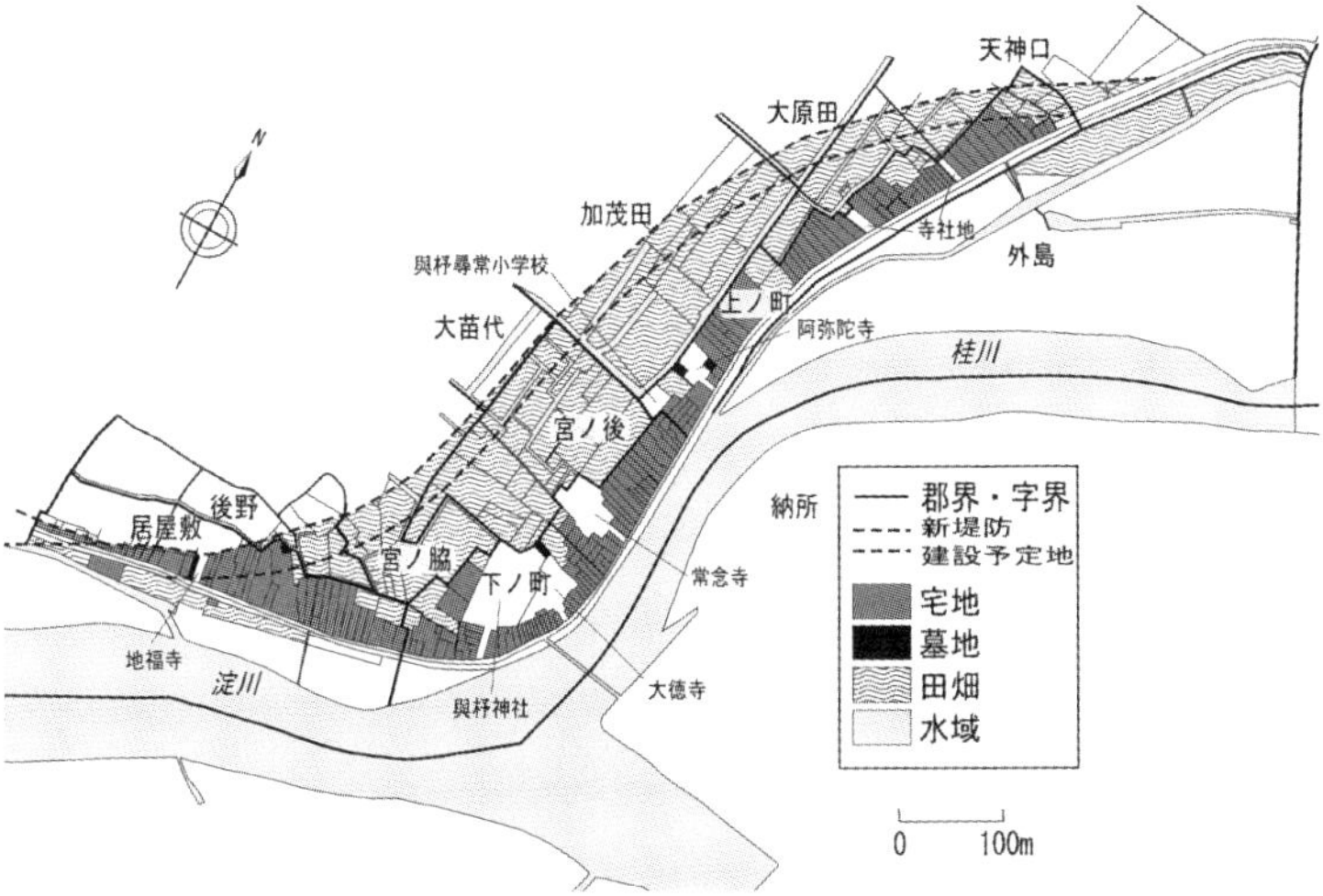

図 13　明治 30 年の水垂・大下津の地籍図（淺井・大邑・植村 2013 による）

しがあり、うきたの森と淀の産土神淀姫神社の鎮座地として知られていました（図12）。しかし、火災が頻発した記録もあり、天保四年（一八三三）には水垂四六軒、下津八軒などを焼失する大火が発生しています。

明治三〇年（一八九七）の第一次移転直前の図13は近世以来の水垂をよく示しています。堤防沿いに間口の狭い短冊状地割が一列にずらりと並んでいます。火事はすぐ隣に延焼することが予想されます。水垂の宅地は上ノ町の五八筆と下ノ町の八〇筆で合計一三八筆を数え、明治一〇年代の地誌類には一二一戸・五四六人、日本形船一一九隻と記録されること

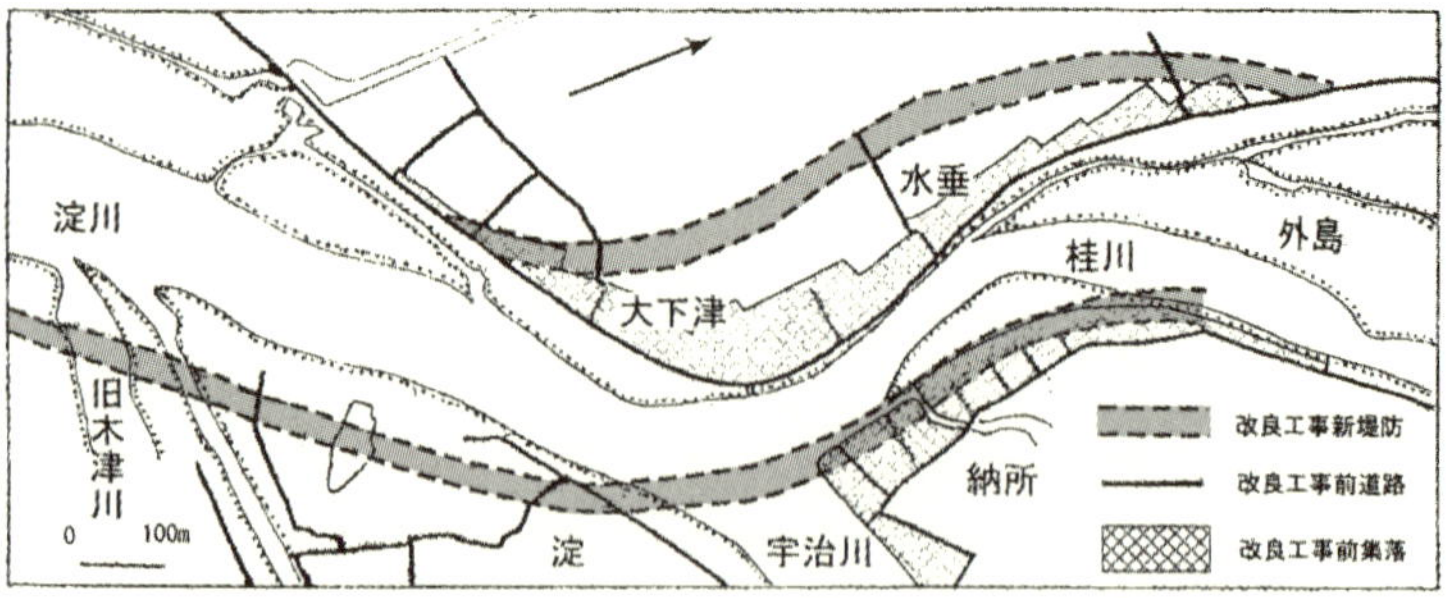

図14　淀付近の拡幅と新堤防の位置（淺井・大邑・植村2013による）

から、戸主の大部分は農業と水運業に従事する船主や船頭だったと思われます。

淀川では明治元年（一八六八）、明治一八年（一八八五）、明治二二年、明治二九年と大洪水が連発しました。とくに、明治一八年洪水は大規模で、水垂の桂川堤防が三カ所で破堤、二七戸の家屋が流出しました。当時の戸長勝山彌兵衛が建築復興に尽力したことに感謝して村民が建立した顕彰碑が墓地にあります（前掲図2）。明治政府は淀川改修要求運動の高まりと地主層らの治水への強い要望などから明治二九年に国営淀川改修事業を決定しました。この事業は下流での新淀川放水路開削、上流は南郷での洗堰建設などの大規模工事を計画しました。淀付近では水害発生の要因である宇治川の付け替えと桂川下流狭窄部の拡幅工事を実施しました。これにより移転対象となる美豆や御牧《みまき》などの村民は生業が困難になると反対しましたが、政府は土地収用法と公益優先策を盾にこれを拒否し、計画通り工事を強行しました（図14）。本地区では明治二九年から土地の測量や幅杭打ちが始まり、明治三一年から土地買収の交渉が開始されました。土地収用は水垂の二四四筆（宅地一一九筆を含む）、大下津の五〇筆（宅地三五筆を含む）が対象で、翌明治三二年内にすべての契約が完了しました。

三、第三期　明治三三年〜平成一九年

明治三三年（一九〇〇）、旧堤防から西へ約一〇〇メートル後退した新堤防上に移転したのは約八三戸でした。この移転によって三分の一にあたる約五〇戸が他所へ移ってしまったのです。この明治移転後、平成一九年（二〇〇七）の再移転まで約一〇七年間にわたって第三期の水垂が続きます。明治移転時に作られた堤防と集落の実測断面が図15です。桂川堤防の堤体は幅二三メートル、天端六・八メートル、集落は堤腹に作られた幅約二〇メートルの盛土部にのっています。これと天端との間には約二メートルの段差がついており、両者の境目に幅約二メートルの生活道路が一本だけつけられました（図16）。このため、全ての家屋は間口を道に向ける平入りとなります。西側の水田低地とは二メート

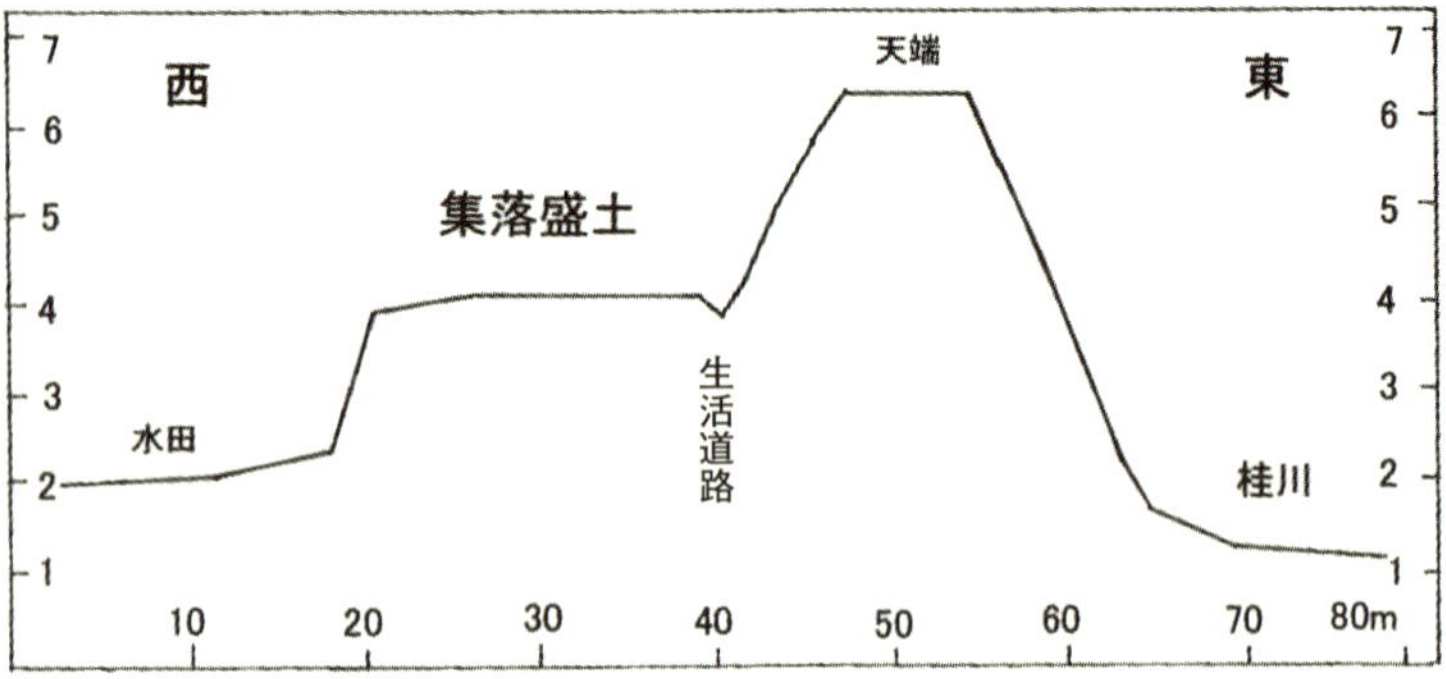

図15　水垂の地形実測断面図（2008年3月測量）

ル以上の高い崖で境されていましたので、東西両側を急坂で限られ自動車の利用は困難な状況が続きました。昭和四九年（一九七四）頃の京都市が西側低地に新たな生活道路を建設したため、西側からの自動車によるアクセスが可能になり、平坦部を拡張して居宅や駐車場を増設するという変化が生じました（図17）。

新たな展開は昭和四九年に京都市が塵埃《じんあい》焼却残物の埋立地として西側農地の買収計画を実施したことに始まります。さらに、建設省による桂川引堤事業計画が重なり、以後水垂は再び移転を前提とした複雑で困難な交渉が長期にわたって続くことになります。この経過については西庄氏の詳しい記述（第七章）に譲ります。第二次移転時に問題化したのは、住宅地の中に公有地と民有地の境界が設定されていた点でした。その理由は不明ですが、私有地は画一的に敷地面積の四

図 16　旧水垂集落の生活道路（2003 年 12 月）

図 17　西側からみた住宅の拡張状況（2003 年 12 月）

図 18　移転直後の住宅跡地（2007 年 12 月）

図 19　新水垂町住宅地の全景（2013 年 3 月）

八％と決められ、平均して約六〇坪程度が買収されることになりました（図18）。

四　第四期　平成一九年～現在

第二次移転が完了した新生水垂町のまちびらき式典が平成一九年二月九日にグラウンドで挙行されました（図19）。京都市は昭和五〇年から平成一〇年まで二四年間にわたって横大路焼却場の廃棄物を買収農地に埋め立ててきました。このため、埋立地の上に盛土して築造された新堤防上に移転することに対する環境や生活上の不安が生じました。しかし、地元対策委員会を中心に、粘り強い交渉を続けた結果、排水処理施設が完成し、平成一六年には宅地造成工事に着手、平成一八年に宅地の分譲開始、約一年後のこの日、新たな土地に三八世帯が新生活を開始したのです。

【註】

浅井良亮・大邑潤三・植村善博「京都市淀、水垂・大下津地域における治水・水害史と淀川改良工事」、京都歴史災害研究第14号　二〇一三

第六章

聞き取りによる水垂の暮らしと文化

細里わか奈

はじめに

水垂は、明治から現代に至るまでの間に二度の集落移転を経験しています。一度目の移転は、明治三〇年代に実施された淀川改良工事、そして二度目の移転は平成に入ってから実施された新堤防造成によるものでした。およそ一〇〇年の間に二度も行われた集落移転には、水垂が桂川沿いに形成された集落であることが大きく関与しています。河川の氾濫による被害が多かった水垂は、桂川の変容と共に生活環境が常に変化しつづけてきたのでした。しかしその一方で、川沿いであるという環境を活かした多くの生活の知恵が生まれ、水垂ならではの暮らしと文化が育まれてきました。

佛教大学歴史学部では、平成二三年（二〇一一）に「地域調査演習」の一貫として、京都市伏見区淀水垂町にて聞き取り調査を実施し、水垂出身の方々のご協力のもと、これまで経験されてきた水垂での生活について貴重なお話をうかがうことができました[1]。

本章では、聞き取り調査で水垂の皆さんにお聞きした話をもとに、平成移転を迎える以前の水垂の暮らしと文化について紹介します。

一、生活

明治期の淀川改良工事によって移転した後の水垂は、新たに築かれた堤防上に家屋が並んだ細長い集落となりました。AさんやBさんが生まれたころの水垂は乙訓郡淀村に属しており、集落の約九〇戸は北から上ノ町、中ノ町、下ノ町の三つの組に区分されます。集落を構成するのは、ほとんどが家と水田でした。平入りの木造家屋の奥に各家の庭があり、そこに井戸や炊事場、便所が置かれていました。隣家との間隔はほとんどなく密接していたために、隣からの音や声がよく聞こえ、往来も自由で、互いの生活が身近に感じ

図20　水垂会館での聞き取り調査（2011年9月）

られる環境であったといいます。そして、家の表口にあたる河川敷には、畑が広がっていました。この畑では、自家用の野菜が育てられ、その種類は小芋《こいも》や大根、茄子《なす》などが中心でした。

Aさん、Bさんが子ども時代を過ごした昭和初期までは、淀村に与杼《よど》尋常小学校があり、水垂の子どもたちはここへ通っていました。このころは、子どもの数がそれほど多くなかったため、一年生と二年生、三年生と四年生が合同で授業を受けていました。そのような環境下にあったこともあり、水垂の子どもたちは学年に関係なく遊ぶことが多かったといいます。しかし、与杼尋常小学校は、昭和九年（一九三四）の室戸台風によって木造校舎が被害を受け、昭和一一年（一九三六）に淀村が久世郡淀町へ編入されることを機に、淀町の明親小学校に吸収合併されることとなります(2)。

生活用水は、昭和中期までは各家が所有していた井戸が中心となっていました。井戸の水は鉄気《かなけ》が多かったため、木津川の砂とタンクを用いてろ過してから利用されていました。昭和三二年（一九五七）に淀町が京都市へ編入されると、水垂にも町営の簡易水道が敷設されるようになります(3)。この簡易水道は、上ノ町、中ノ町、下ノ町がそれぞれに組合を組織して管理していました。各家にあるのではなく共同の水道でしたが、これによって蛇口式となり、以前よりも良質な水が出るようになったといいます。簡易水道から現在の水道へ変わるのは、昭和四九年（一九七四）の塵埃埋立地計画が発表されてからのことでした。

二、生業

水垂では、昭和期まで農業が盛んでした。当時、集落の西側には水垂、大下津の水田が一面に広がっており、稲作が中心に行われていたのです。そのほとんどは収穫時期が一一月頃である晩秋の稲で、戦前までは稲穂が長いシンアサヒ、戦後は主にノウリン、アケボノが育てられていました。

農業を営む上での難点は、水田が低地にあったことでした。水を入れると田に水が浸かりすぎてしまうことも多々あり、常に気を配っていたといいます。また、雨が降ると水が溜まりやすく、洪水が発生すると稲腐れしてしまうこともしばしばありました。

こうした環境下で品種の試行錯誤、水口の調整などを行い、水垂の人々が守りつづけた水田は、昭和四九年の焼却残土処理地計画によって埋立処分地に指定され、京都市にすべて買収されることになります[4]。Aさんをはじめ、水垂の人々にとって先祖の代から伝わってきた水田を手放すことは苦渋の決断でした。現在では、八幡市に移って農業を続けている人もいますが、水垂から水田の姿は完全に消えました。

淀地域を代表する生業の一つに、舟運があげられます。水垂にも、かつては淀川舟運の船頭を務めた人々が多くいました。

古くから舟運の要所として栄えていた淀地域では、淀二十石船、三十石船などが往来し、多くの物資が伏見と大坂との間を運搬されてきました。安土桃山時代には舟運交通が本格的に発展し、淀川舟運に関わる淀二十石船や三十石船は豊臣秀吉から朱印状を発給さ

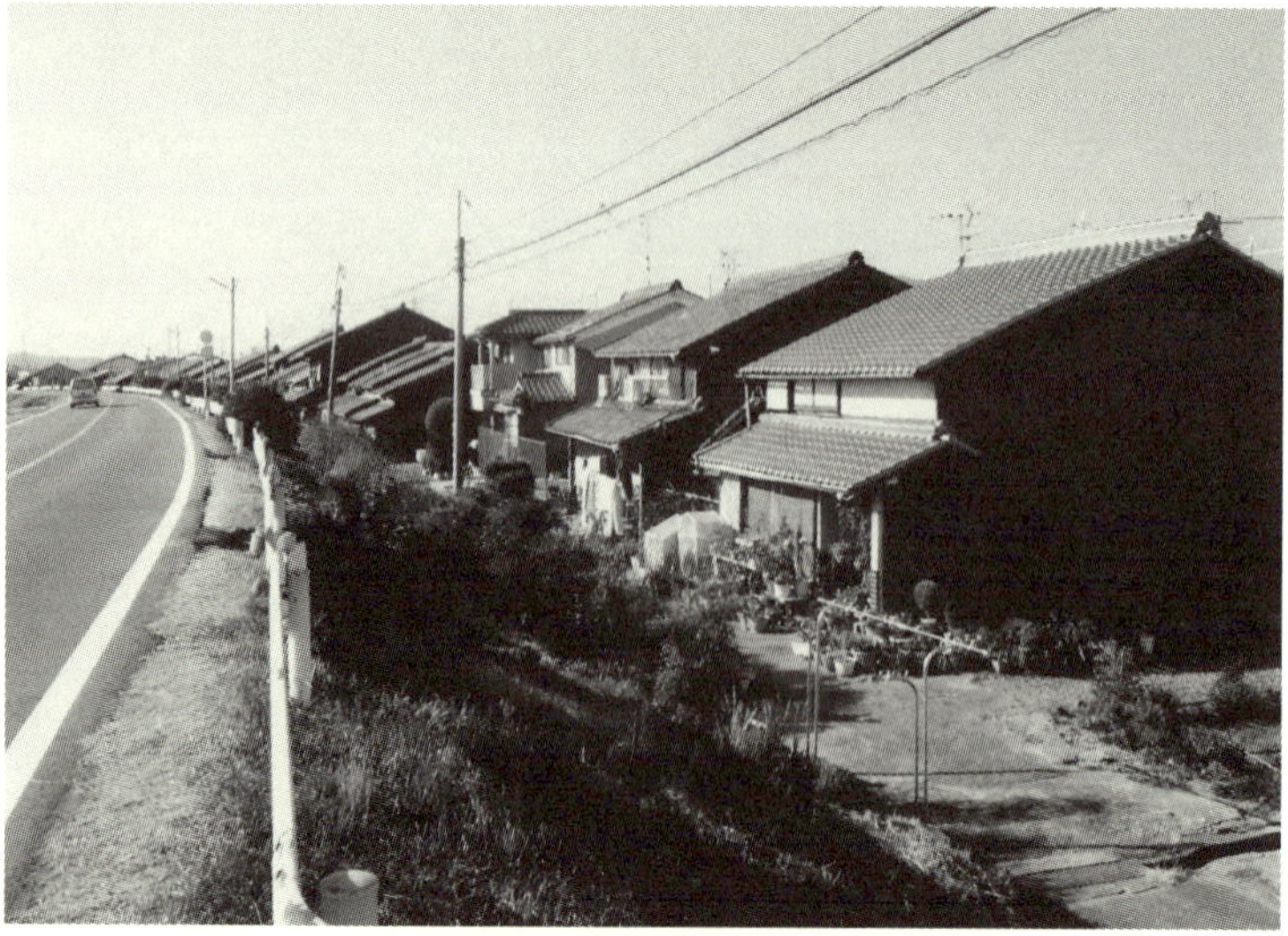

図 21　移転前の水垂集落（2006 年 1 月）

れ、過書船として近世期に最盛期を迎えます。明治に入ると蒸気船が就航し、鉄道も運行するようになり、過書船はしだいに衰退していきますが、淀二十石船のような小舟は建築資材となる川砂利や石炭・米などの運搬で活動を続けました。水垂に船頭が多く見られたのは、淀地域がこうした舟運の要所であったことが大きく関与しています。

戦前から戦後にかけて活躍した船頭たちは伏見を拠点とする組合によって組織され、そこから仕事を請けました。伏見から出航し、船を乗換えながら淀川を下り、大阪の毛馬閘門から各堀へと荷を運びます。大阪までは約一日かかり、大阪で荷おろしをし、伏見まで船を曳く作業を終えるころには、一週間前後の日数が経過しています。そのため、航行は月に四、五回程度で、悪天候の場合は一、二回になることもありました。このように航行は数日にわたるため、一隻の船に夫婦で乗り、船内で自炊して生活を送っていたといいます。

一方で大きな問題も浮かび上がってきました。川砂利の大量採取により、採取地であった桂川の河床低下が深刻化していったのです。この影響で橋脚の露出、農業用水の不通などの問題が生じました。一九三〇年代後半から全国的に川砂利の採取が制限され、昭和一〇年（一九三五）、ついに桂川での川砂利採取が行うことができなくなりました。舟運の大半を占めていた川砂利の運搬が終わり、国道などの陸上交通が発達していくにつれて、船頭たちの姿はしだいに見られなくなり、淀川舟運は幕を閉じました。

三、まつりと組織

與杼《よど》神社は、かつて水垂に鎮座していた神社でした。明治三二年（一八九九）の淀川改良工事の際、水垂地区から現在の淀城趾へ移されたのです。與杼神社に祀られている主祭神の豊玉姫命は水神とされており、川との関わりが強い淀地域にとって縁の深い存在でした。時には水害から地域を守る神として、時には農業・舟運の神として人びとから敬神の念を集めていたと考えられます。神社が移転して水垂を離れてからも、水垂の人びとは氏子として以前と変わらず與杼神社を信仰しつづけてきました。その姿は、祭を通してうかがうことができます。

與杼神社の秋季大祭では、戦前まで船渡しの形態をとった神輿渡御《みこしとぎょ》が行われていました（図22）。この祭には水垂の人びとが大きく関わり、トウヤと神輿かきという重要な役割を担っていました。

トウヤは神輿の飾りつけとモリ、そしてヤドの役を務めます。祭のとき、水垂地区は四つに区分され、四年に一度トウヤ町を務める番が回ってきます。トウヤ町は神輿の飾りつけをし、組み立てられてから渡御が終わるまでの間、神輿蔵で神輿の守をします。そして、トウヤ町内から選ばれた一軒の家は、ヤドと呼ばれました。ヤドでは、與杼神社から小さなオヤシロを預かり、それを祭の前後一週間ほど祀ります。水垂がこうした役割を担っていた背景には、もともと與杼神社が鎮座していたミヤモトの地であることと、秋季大祭が元来豊作を祝う祭であることが関係していると考えられます。

三基の神輿のうち一基を水垂が担いでお

図 22　桂川堤防の神輿の渡御（明治期？）

り、水垂のかき手達は若進会という会によって組織されていました。若進会には二〇歳を迎えた青年が入会し、三〇歳を過ぎるまで会に所属していたといいます。会に所属する現役の青年たちは、半被を羽織って神輿をかき、退会したOBたちは顧問役として浴衣《ゆかた》を纏い渡御に参列しました。この組織はただ神輿のかき手を統率するための会ではなく、水垂の水防団としての役割も担っていました。村の行事にも数多く携わり、水垂にとって必要不可欠な組織であったことがわかります。

しかし戦争がはじまり、祭は一時途絶えてしまいます。それに伴い若進会は自然消滅し、水垂のかき手組織は姿を消してしまいました。水垂にとって地縁関係をつなぐ存在でもあった若進会の代替として、戦後まもなく青年クラブが立ち上げられました。有志の若者によって組織されたこの会は、神輿かき以外の若進会の役割を引き継ぎ、消防団、水防団を務め、運動会や演芸会を催したといいます。

戦後しばらくしてから神輿渡御は復活し、水垂の有志によって神輿が担がれるようになりますが、美豆や周辺地域から人員を集めなくてはならないほど、人手が不足していました。昭和三三年（一九五八）に起きた事故をきっかけに祭はふたたび中止となり、平成一四年（二〇〇二）に現在の形となって復活を果たしますが、戦前とは全く異なる組織形態で担われるようになりました。

二度にわたって祭が途絶え、その間にふたたび集落移転したことで、水垂と與杼神社の直接的な関わりは以前よりも希薄化しました。現在でも祭の時期になると水垂会館にオヤシロが祀られ、戦前の名残を見ることができますが、神輿渡御の主体は戦後の新住民を加えた新たな氏子組織を中心としたものへと変わっていったのでした。

四、災害の記憶

こうして川と共存した生活が営まれてきた水垂ですが、同時に川は恐怖の対象でもありました。淀川改良工事を終えてから、水害による被害は減少したものの台風や洪水によって危機的状況に陥ることもしばしばありました。ここでは、お話いただいた方々の記憶に特に残っていた昭和九年(一九三四)の室戸台風と昭和二八年(一九五三)の十三号台風に焦点をあて、その被害と対策について紹介します。

昭和九年九月二一日の室戸台風は最大規模の風台風で、主に西日本に多大な被害を与えました。水垂では、先に触れたように与杼尋常小学校の木造校舎が大きな被害を受けています。当時、与杼尋常小学校には木造校舎と、まだ建設されて間もない新校舎がありました。生徒と職員が新校舎へ避難してから、木造校舎は暴風にあおられ潰れてしまったといいます。この時、同じく木造であった淀村役場も大破し、淀町の明親小学校の校舎も倒壊していることから、淀周辺地域では特に木造建築が多大な被害を受けていたことがわかります。多くの建物が倒壊したため、Aさんが経験された中で最も記憶に残る災害となりました。

一方、昭和二八年九月二五日に豪雨を降らせた台風十三号では、桂川の増水による被害が見られました。Bさんは、水が堤防を越えてくるほど水嵩《みずかさ》が増していた、と語

図23　寺院での避難授業の様子（納所小学校）

ります。当時の宮前橋は水で溢れ、横断することも困難でした。Cさんたちは危険を感じ、伏見桃山や淀の競馬場までトラックで避難しました。競馬場の四階が避難場所として解放され、多くの人がここへ避難することができました。しかし、一部の高齢者は遠くへ避難せず、常念寺に籠《こ》もり水垂に残ったといいます。若者と高齢者の行動には差異が見られますが、両者ともに浸水被害の甚大さを危惧し、またそれを覚悟した上でとった行動でした。その後、水垂の堤防よりも先に向島西部の宇治川堤防が切れたことで水位が下がり、水垂では大きな被害は発生せず、収束する形となりました。

図24　大下津水防倉庫

これまで各家では、降雨時には窓フタをはめることで浸水対策をし、男性陣は増水に備えて堤防に土嚢《どのう》を積み決壊を予防していました。現在でも水防団が組織され、緊急時には団員が動員されるようになっています。そして大下津、水垂、樋爪でグループが組まれ、大下津の水防倉庫に道具類が保管され、定期的に水防訓練が行われています（図24）。堤防整備やダム建設などによって水害による被害は年々減少していますが、水害を経験してきた人びとは川の恐ろしさを忘れず、水防の心得は今に継承されています。

五、平成の移転

明治期の淀川改良工事による移転後、たび重なる水害による影響を受けながらも独自の生活と文化を生み出してきた水垂が、ふたたび大きな転換期を迎えたのは昭和四九年（一九七四）のことでした。これまでにも触れてきた焼却残土による埋立計画が水垂で実施されることが発表されたのです。水垂の水田はすべて買収され埋立処分地となり、埋立地から発生した汚水を処理するために、水垂には汚水処理施設が設置されました。これらは離農の大きな要因となり、水垂の人びとの生活環境を大きく変化させることとなります。

そして、水垂・大下津には新堤防造成が実施され、両地区は二度目の集団移転が決定しました。もちろん、この集団移転が決定されるまでの間、多方面から反対意見が飛び交いました。産声をあげ生まれ育った家と、先祖から代々継いできた水田を手放すことは容易にできることではありません。水垂の代表となった役員の方々によって、さまざまな思いを抱える住民たちの理解が少しずつ得られるようになり、十数年の時間をかけてようやく移転は決行され、平成一九年（二〇〇七）に水垂は移転を完了しました。

移転後の水垂の家々は、きれいに整備されたゆとりある空間に建設され、以前より

図25　合祀されたお地蔵さん

も開放的な集落へと姿を変えました。これにより、水垂が大きく変わってしまったことも否めません。組ごとに祀られていた地蔵は新たに水垂会館の前へと移され、合祀されるようになりました（図25）。水垂にあった大徳寺はこの地を離れて山科へ移転し、住民の約半数が他地方へ転出していきました。しかしその一方で、水垂を離れていた子ども夫婦が、移転に伴い戻ってきた家庭も少なくはありません。隣近所との距離は離れてしまいましたが、若い住民が増えたことで子どもの声が聞こえ、子どもが少なかった以前の水垂よりも活気のあふれる町となりました。

現在、水垂では新たな生活環境の中でこれからの街づくりと地域交流を目指した取り組みが住民によって行われています。これまで水垂の人びとが育んできた暮らしの風景を見ることはできませんが、移転前の暮らしの記憶と経験が語り継がれ、これからの水垂に活かされることを願います。

【註】

（1）聞き取り調査では、次の五名の方々に協力を得ました。ここに謝意を記します。

Aさん…大正一四年（一九二五）生。水垂出身。代々水垂で農業を営んできたが、平成移転以降は、水田を八幡に移転した。

Bさん…昭和二年（一九二七）生。水垂出身。約四〇年間、日本競馬協会に勤務。父親は船頭を務めていた。

Cさん…昭和二二年（一九四七）生。水垂出身。水垂自治会の役員を務める。

Dさん…昭和二六年（一九五一）生。水垂出身。水垂自治会の役員を務める。

Eさん…昭和二八年（一九五三）生。納所出身。祖父の代までは水垂に住んでいたが、のちに納所へ移住。父は昭和一〇年（一九三五）まで船頭を務めていた。

（2）『わたしたちの町 —淀—』京都市立明親小学校淀編集委員会、一九七一。
（3）『日本水道史』各論編Ⅱ、日本水道協会、一九六七。
（4）植村善博・香川貴志編『京都地図絵巻』古今書院、二〇〇七。

第七章

平成期における水垂町移転の経過について

西庄英晴

はじめに

京都市伏見区淀水垂町は桂川が宇治川に合流する手前の右岸に位置する集落です。桂川最下流部の堤防上に大下津とともに細長く連続しており、近世以来淀川の舟運をになう船頭や水夫の多い活気のある町だったようです。しかし、明治三〇年代に実施された淀川改良工事と平成期の桂川引堤工事により、約一〇〇年の間に二回の全村移転を余儀なくされました。これらの工事は桂川や淀川流域の水害危険度を低下させる目的で実施されたもので、水垂町の人々は公共利益の犠牲となって、町と生活を根底から変化させる移転を受け入れてきたのです。

以下では、昭和四〇年代から平成一〇年代までの約三〇年間もの永きにわたって行われた平成期の移転の経過と埋立・引堤事業について述べることにします。

一、埋立・引堤事業計画

京都市伏見区横大路には大規模な市営焼却場があり、昭和四六年（一九七一）頃から残余物を処分する土地が必要となり、ここから西へ二キロメートルに位置する水垂地区の水田地帯が選ばれました。京都市は埋立処分地とするため、この水田地帯を買収する構想を固めました。そして、昭和四八年（一九七三）ごろから埋立処分予定地を所有する地主である水垂町の住民と個別に交渉を開始しましたが、地域住民への説明などは行われませんでした。

一方、ほぼ同時期に建設省は桂川下流部の改修引堤《ひきてい》事業を計画しました。これは最下流部の川幅が狭く高水流量が小さいため、水害の発生危険性が高いと判断したためです。将来この事業を推進した場合、水垂町と大下津町は全面移転させる必要があることを考慮に入れていました。そこで、建設省は京都市側と調整し、水垂町の移転先を埋立処分地の一画に確保することを前提に引堤事業計画を作成しました。

昭和四九年（一九七四）一月、水垂埋立事業は京都市環境局の管轄下で決定されました。

これ以後、京都市による本格的な用地の買収交渉が始まりました。このため、町では対市交渉委員らが窓口になり、生活環境への十分な配慮を要望しました。公共用地の提供に協力するかたちで、土地所有者は農地のほとんどを手放すことを余儀なくされました。結局、水垂地区は集落以外の土地すべてを買収されることになったのです。このため、仕事を変えるもの、新たな農地を周辺で購入するもの、他地域に転出してしまうものなどが続出し、住民と地域に激しい混乱が生じました。町の環境と生活が根本的に変わってしまうことになり、京都市は事業実施の見返りとして生活道路の建設や上下水道の設置を約束しました。

図26　埋立処分地跡

同年三月、建設省は桂川引堤事業計画を決定しました。実施にあたり、既存の桂川堤防を廃堤にすること、水垂集落全体を移転させること、その移転先を埋立処分地内の新堤防上に確保することを決定しました。当時の町自治会ではこれに反対する意見はありませんでした。

二、埋立地造成工事の着工

昭和四九年四月より、水垂町は京都市と埋立事業にかかわる覚書を交換し、地元自治会も確認書を承認する方針を固めました。

同年七月、京都市は水垂地区の埋立地造成工事を開始しました。工事に先立ち、京都市埋蔵文化財センターによる予定地の発掘調査が行われた結果、地表面下一～二メートルの土層から弥生期から古墳期のものとみられる集落遺構、水田址や旧流路など多くの考古学的発見が相次ぎました。これらは水垂遺跡と名づけられ、発掘品は水垂に建設された京都市伏見水垂収蔵庫に展示・保存されています。

昭和五〇（一九七五）年九月、水垂埋立地造成工事が終了し、処分地の供用が開始されました。横大路焼却処理場で生じた廃土がトラックに積まれて水垂処分地に運び込まれ、水田の埋立作業が始まりました。埋立処分地は水垂集落の西側から七間堀川の西岸までの広大な地域を占め、AからEの五地区に分けられました（図27）。埋立はA地区から順次実施され、最後のE地区では昭和五九年（一九八四）に埋立が開始され、平成六年（一九九四）に埋立は終了しました。

続いて、昭和五七年（一九八二）一一月、環境局は水垂埋立処分地の拡張計画を決定しました。これは既設処分地の北側にI・J・Kの三地区を追加、拡張する計画です。これらの地区では平成六年から埋立が実施され、平成一二年（二〇〇〇）度に終了しました。

集落には、新しい施設も建設されました。昭和五一年（一九七六）一〇月、水垂排水処理施設が完成しました。これは埋立用廃土に起因する汚染水が地下に浸透し、地下水を汚染する可能性が危惧されたためです。そこで、埋立地の基底部に不透水マットを敷き、そこから汚染排水を処理施設に引水、浄化処理したのち七間堀川へ排水する環境浄化施設として設置されたのです。

また、同じころ、京都市がコンクリート二階建の水垂会館を建設し、町内の自治活動の中心になる公民館として利用されるようになりました。また、グラウンドと児童公園も設

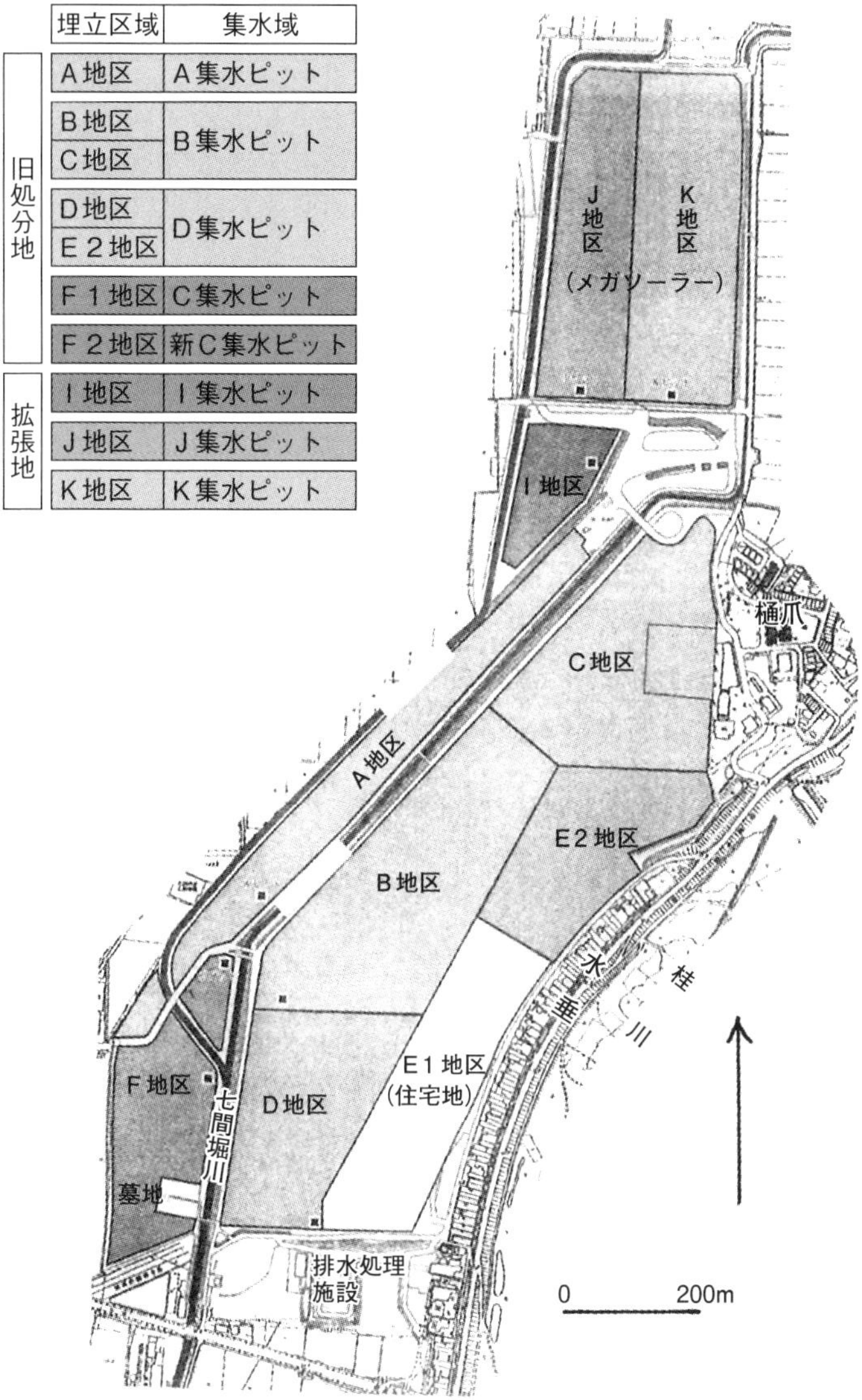

図27　水垂埋立処分地の区画（京都市による）

置されました。

昭和五三年（一九七八）五月、集落の西、小字鶴ヶ池に位置する水垂墓地を用地買収により移転させる必要が生じました。このため、旧墓地で遺骨の発掘や墓石の移動が行われ、同年八月に七間堀川の西側に接するF地区の新水垂墓地へ改葬を終えました。なお、墓地入口に水垂墓地改葬の碑を建立するとともに、古くから集落内にあった水垂渡し道標、澱三方船中塚、勝山彌兵衛顕彰碑などもここへ移築しました。

三、桂川引堤事業の始まり

昭和五八年（一九八三）、建設省が桂川改

図 28　移転後の住宅跡地の状況（2007 年）

修事業について水垂の自治会役員に説明会を開き、席上で引堤事業案が提示されました。

ついで、昭和五九年には地元住民全員に対して引堤事業の概要に関する説明会が開催され、事業計画の行程が示されました。

平成二年（一九九〇）、建設省による水垂地区の官用地と民有地の境界確認と立会いが開始されました。明治三〇年代の桂川拡幅事業によって桂川の新堤防上に移転した際、堤防の国有部分と民有部分とが複雑に入り組み、それらをまたいで宅地が設定されていました。土地境界の確認により、宅地の約半分が国有地であることが明らかになりました。

平成五年（一九九三）、集落移転予定地である埋立処分地のE地区については、覆土と消毒、除草、児童公園のU字溝蓋設置などを要望しました。E地区は水垂集落の西側に隣接しており、将来の集落移転用地として確保された地区でした。

平成九年（一九九七）、桂川引堤工事の水垂地区説明会が実施され、

図29　集落移転予定地での宅地造成工事（2005年）

地元の対策委員会が結成されました。また、協議の結果、占有地補償率が四八％に決定されました。

四、新たなまちづくり

平成一一年度（一九九九）より、京都市と跡地利用のための環境問題が議論され、安定化対策としてガス抜きおよび地下水位低下の対策を実施する計画が示されました。

平成一二年度には、水垂地区の移転予定地区に対する基盤整備構想が策定されました。これは移転予定地である埋立処分地E地区の約三〇〇〇坪を居住ゾーンと位置づけ、先行的に整備を行うことを明示したものでした。

平成一四年（二〇〇二）九月、水垂地区は新たに一〇名程度からなる対策委員を決め、国土交通省や京都市との交渉窓口として活動することになりました。以後、対策委員会は三一回、水垂町住民集会は八回にわたり開かれました。またこのころ、移転予定地の環境調査が実施されました。

平成一六年（二〇〇四）一二月、移転予定地の宅地造成工事が開始されました。水垂町の八つの自治組織は新たに六ブロックに再編され、なるべく旧組ごとにまとまったかたちで三区画が配置されるよう配慮して、宅地配置を決定しました。

平成一七年（二〇〇五）六月、移転希望者に対して分譲地譲渡に関する説明会が開かれました。同年一二月には、市の所有地である埋立処分地E地区の譲渡に関する協定書が締結されました。

平成一八年（二〇〇六）一月、新分譲地において住宅建築が開始されました。

平成一九年（二〇〇七）二月九日、水垂町内のグラウンドにおいて水垂町まちびらき記念式典が挙行されました。地元からは自治会長ほか水垂町住民が参加し、また桝本頼兼京都市長（当時）をはじめ国土交通省近畿地方整備局や京都市議会か

図30　メガソーラー発電所

らも出席しました。式典では、水垂町の移転完了に至るまでの苦労と新たな町づくりへの抱負が述べられました。

平成二四年（二〇一二）四月、樋爪町に属する水垂埋立処分地の北部にメガソーラー発電所の建設が開始され、同年八月には二・一メガワットの発電二基の稼働が始まりました（図30）。

【付記】

新水垂分譲地は、廃棄物を適正に処理した後、地下鉄の残土で埋めた処分地です。水垂町の住民が安心して生活をしていくに当たり、学識経験者の適切な指導、助言を受け、環境政策局による年数回の入念な環境調査が実施されており、生活環境に影響を及ぼしていることはありません。

第八章

観音山常念寺の歴史

常念寺住職　本多廣賢

常念寺は淀の水垂地区に古くから所在する寺院です。明治前期の水垂村には郷社の與杼（淀姫）神社と無格の綱敷天満宮社がありました（『紀伊郡神社明細帳』）。また、寺として浄土宗の常念寺と清浄庵、西山派の阿弥陀寺、そして真言宗の大徳寺の四ヵ寺が記載されています（『紀伊郡寺院明細帳』）。

江戸時代の中頃に記された常念寺の古文書『當寺歴代寄附建立并日月牌記』の冒頭には、十一面観音像の縁起が記されています。

ご本尊や創建の縁起に先立って観音さまの縁起が書かれているのは観音さまが常念寺の「根本」であり、大切な仏さまとされていたためと思われ、また、山号も観音山と記されています。

常念寺は慶長一〇年（一六〇五）第一世・傳譽上人（開山上人）が、当時「西福寺」と呼ばれていた観音堂の本尊・檀家を移し、浄土宗知恩院の末寺として常念寺を創建されたことが書かれており、現在の常念寺の開基であります（『過去霊名記』）。

元和七年（一六二一）第二世・真譽上人（中興上人、お寺の建て替えや修復に尽力された僧侶）によって寺院伽藍の整備が行われ、現在の御本尊の阿弥陀さま（図32）をお迎えしたといいます。これは第七世中興高譽上人代に長老たちからの話を聞いて書き取ったものだと但し書きがあります。

第四世・中興賢譽上人が延宝三年（一六七二）住職となり常念寺再興に大変な努力をされ、伽藍の修復整備をされました。

明治期の『紀伊郡寺院明細帳』によると、常念寺は六一九坪の境内地を有し、本堂、観音堂、庫裏・土蔵などがありました（図31）。当時の住職は第十九世・友譽上人、檀家数は三一五軒にのぼり、当時の水垂村では最も規模の大きな寺院で、大下津村の地福寺は当寺の末寺にあたります。

水垂は桂川右岸の堤防上に位置するため、しばしば水害を受けてきました。とくに、明治一八年には三カ所で合わせて約一五〇メートルも破堤し、二七戸が流失したほどでした。住民は常念寺へ避難したといいます。この災害復興と民家の再建に尽力したのが戸長の

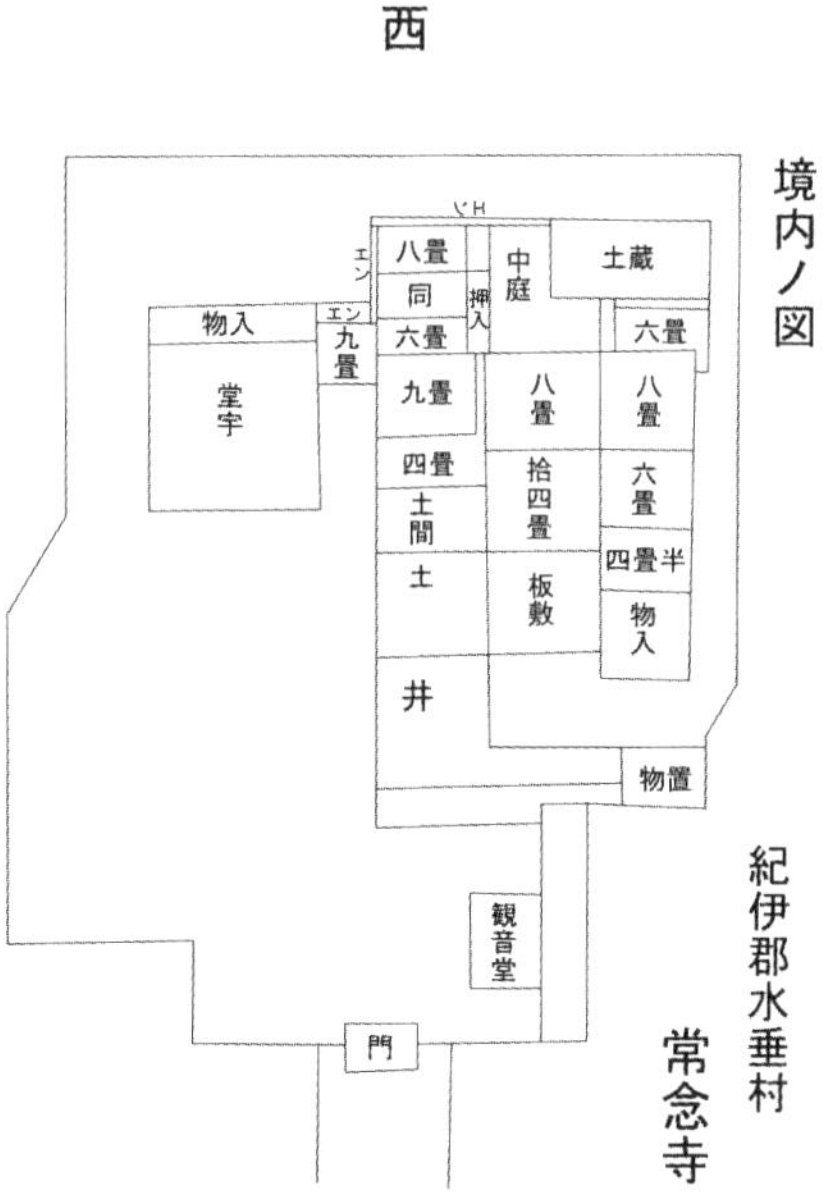

図31　明治期の常念寺境内図（大邑作図）

図 32　常念寺本尊　阿弥陀如来像

図 33　移転前の常念寺（2006 年）

勝山彌兵衛でした。このような水禍の根絶を目的に内務省が明治三〇年代に淀川改良工事の一環として桂川の拡幅工事を実施しました。この際の引提事業により、大下津村とともに全村が新提防上に移転を余儀なくされました（図33）。

本寺にある棟札（図34）によると、三千六百三十六円余の移転料をえて、明治三十三年（一九〇〇）一月から作業を始め、約一年四カ月後の三四年五月一九日に上棟式を挙行しています。この頃には戸数が半分まで減った本村も新用地に移転を終えたことが推定されます。

それから約一〇〇年、再び桂川の水害危険度を下げるための拡幅工事が実施され、水垂

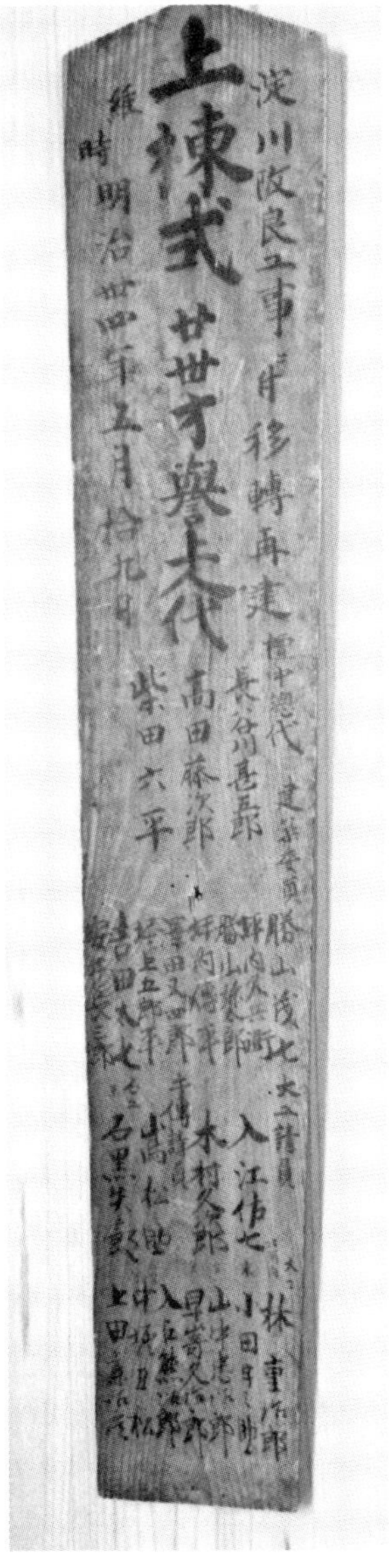

図34　移転直後（明治34年5月）の上棟札

は再び全面移転に至りました。その経過は西庄氏の報告に詳しく述べられています。

当寺は明治以来の古い建物であったため、一九九五年の兵庫県南部地震による被害を受け、建て替えの時期を迎える状況でした。しかし、仏さまのご縁により、平成二二年（二〇一〇）五月に現在の姿として落慶するに至りました。

川とともに生き闘ってきた水垂のご先祖ご苦労を偲び、安全で快適な新しいまちづくりが進むことを願ってやみません。

注：神社および寺院明細帳は京都府立総合資料館所蔵を利用しました。

第 1 回地域調査演習夏合宿（2011 年 9 月、常念寺前）

第 2 回調査報告会（2012 年 11 月、水垂会館）

第３回夏合宿調査の夕食時（2013 年９月、常念寺）

第４回調査報告会、水垂町自治会役員の皆さんと（2014 年 11 月、水垂会館）

あとがき

水垂の地名は読みにくい。みずすい、すいすい……とてもむつかしい。水垂の垂はしたたる、ほとり、ほとんど〜である、の意味だから、桂川右岸の堤防上に一本の線のように並ぶこの集落の特徴をよく示しているといえよう。その上、明治三〇年代と平成一〇年代と過去百年間に二度も全村が移転する運命におかれたのだから驚きだ。タイトルの移転集落はこれを指す。桂川や淀川の水害危険度を軽減する治水事業により二度の大移転を、他地域の安全性を向上させる犠牲となって受け入れざるを得ない状況におかれたのである。

本書は佛教大学歴史学部が二〇一一年から二〇一五年の五年間、毎年調査を継続してきた水垂地区の調査成果を要約したものである。執筆者は地元協力者の西庄・本多両氏とティーチングアシスタント（ＴＡ）として調査に参加してくれた佛教大学大学院生たちである。

日本初の歴史学部では、フィールドワークを重視する方針をとりカリキュラム『地域調査演習』を設置、二〇一一年から京都市南部、伏見区淀・水垂地域を対象に住民の方の協力を得て歴史、地理、民俗の調査を続けてきた。過去五年間で約五〇名の学生が本地域の地図や文献資料、地方史料などを調べ、足と目によるフィールドワーク、聞取り調査などをおこない、地域と人に学ぶ基本精神にたって調査法を習得し調査結果の整理、成果の報告という課題を実践してきた。

とくに、夏休みごとに宿泊合宿による中味の濃い野外調査や聞取り調査を行ってきた。これが可能になったのも地域の皆さんの協力と二泊三日の宿を提供いただいた浄土宗常念寺の御好意のおかげである。毎年晩秋には調査成果の地域への還元として、学生らが運営する調査報告会を水垂会館で開いてきた。参加者は毎回四〇~六〇名にも達する好評ぶりである。こうして、一年間の調査経過と成果を報告書として出版し、地域の方へ無料配布してきた。

このような地域調査が継続できたのも、地域のみなさんの理解と協力のおかげである。とくに、西庄英晴淀連合自治会長にはいつも親身に相談にのっていただき、支えてくださった。また、学生の指導に全力で取り組んでくれたTAの院生諸君の支援も大きい。かれらは自分の専門分野とその調査法を学生に伝授し、主体的に調査に参加して学生をけん引してくれた。調査の継続と維持はかれらの努力の賜物ともいえる。

以下に各年度ごとの調査地と地域の協力責任者およびＴＡの名前を記して感謝の気持ちを表したく思う。また、各年度の報告書名を記す。

①二〇一一年　水垂地区　自治会長：西庄英晴　ＴＡ：淺井良亮、大邑潤三、柿本雅美
『淀・水垂の自然環境と歴史再発見』八〇ページ

②二〇一二年　大下津地区　自治会長：佐々木哲也　ＴＡ：淺井良亮、大邑潤三、細里わか奈
『淀・水垂・大下津の環境と歴史・民俗』九六ページ

③二〇一三年　納所地区　自治会長：武部太郎　ＴＡ：山本望実、大邑潤三、細里わか奈
『伏見区水垂・納所の環境と歴史・民俗』八五ページ

④二〇一四年　淀南地区　自治会長：中野武司、木田実　ＴＡ：石原智紘、飛世悠太、新木慧一
『伏見区淀・美豆の環境と歴史・生業』九九ページ

⑤二〇一五年　淀地区　淀連合自治会運営委員：浅井均　ＴＡ：弘蔵勝久、藤田裕介

各調査地区の自治会長さんおよび聞取り調査に協力いただいた皆様に厚くお礼申しあげます。とくに、夏合宿の宿泊所をご好意により提供し、調査を支えてくださった浄土宗常念寺本多廣賢・茂美ご夫妻の御好意に感謝します。

最後に、本書を地域調査に理解と協力をいただいた水垂、大下津、納所、淀南、淀の各地区の皆さんに御礼の気持ちをこめて捧げます。

二〇一五年八月　大文字の夜

佛教大学歴史学部歴史文化学科　植村　善博

執筆者紹介

植村　善博（佛教大学歴史学部歴史文化学科教授）
大邑　潤三（佛教大学大学院文学研究科日本史学専攻）
山本　望実（五條市教育委員会事務局文化財課）
藤田　裕介（佛教大学大学院文学研究科歴史学専攻）
細里わか奈（清荒神清澄寺鉄斉美術館）
西庄　英晴（京都市伏見区水垂町自治会長・淀連合自治会長）
本多　廣賢（京都市伏見区水垂町浄土宗常念寺住職　第二十五世深誉）

【編者紹介】

植村善博（うえむら　よしひろ）

1946年　京都市生まれ
1971年　立命館大学大学院修士課程修了。自然地理学専攻。
　　　　京都府立高等学校教諭を経て、
現　在　佛教大学歴史学部歴史文化学科教授。博士（文学）。

大邑潤三（おおむら　じゅんぞう）

1986年　静岡県御殿場市生まれ
現　在　佛教大学大学院博士後期課程。

京都南、移転集落水垂の歴史と生活

2015年11月15日　第1刷発行

編　者　植村善博・大邑潤三
発行者　黒川美富子
発行所　図書出版　文理閣
　　　　京都市下京区七条河原町西南角 〒600-8146
　　　　電話 (075) 351-7553　FAX (075) 351-7560
　　　　http://www.bunrikaku.com
印刷所　新日本プロセス株式会社

ISBN978-4-89259-777-0